# 图说

# 中国航运文化地标

2018年中国航海日主题活动上海组委会 编

復旦大學出版社

# 《图说中国航运文化地标》编委会

顾　　问：徐祖远
主　　任：谢　峰
副 主 任：张　林　张东苏
委　　员：井　艳　陆晓莉　王　煜　陆　伟　周群华　马文辉

主　　编：张东苏
执行主编：武世刚
编写人员：宾　娟　顾宇辉　李　洋　任志宏　单　丽　沈　洋　温志红
吴　鹏　武世刚　项天平　赵　莉　朱金龙　祝　玉

# 序言



在第十六个“中国航海日”即将到来之际,《图说中国航运文化地标》一书出版发行了。这是一本适合普通大众阅读的航运文化遗产科普读物，能让社会公众了解、关心，进而支持和参与祖国的航运事业。

中国地处亚欧大陆西侧，濒临太平洋，海岸线漫长曲折，沿海岛屿众多，优良港湾遍布，兼之境内水系发达，河湖网络纵横交错，航运条件极为优越。早在新石器时代，先民们便凿木为舟、削木为桨，开始了征服江河湖海的伟大历程。中国古代的航运业形成于秦汉、发展于三国至唐五代、繁荣于宋元，鼎盛于明初，晚清时期开始衰败。中华人民共和国成立以来，中国航运事业在一穷二白中砥砺前行。经过几代人的不懈奋斗，目前中国已经是名副其实的航运大国，年造船产能、海运量、注册运力、港口货物吞吐量等都处于世界前列，并开始踏上建设交通强国的新征程。

悠久的航运历史，造就了灿烂的航运文化，无论江河之滨，还是大洋之畔，中国航运文化遗产遍布神州大地。它们共同见证了中华民族与水、与航运的不解之缘。从龙江宝船厂遗址到江南造船厂旧址，从粤海关大楼到轮船招商总局大楼，从都江堰到洋山深水港，这些航运文化遗产是中国航运发展历程的见证，它们就像一颗颗星辰散落于中华大地。如果将这些航运文化地标的历史价值、文化内涵和对所在地历史发展阶段的贡献串联起来，就是一幅中国航运的恢弘华章。

习近平总书记说，“要像爱惜自己的生命一样保护好城市历史文化遗产”，“让文化遗产活起来”，“保护文物也是政绩”，这充分体现了习总书记对保护中华优秀传统文化、传承华夏文明的高度重视，为加强文化建设、促进文化繁荣指明了方向。航运文化遗产是中华优秀传统文化的重要组成部分，航运文化遗产既是历史的，也是现代的，更是未来的。保护和传承航运文化遗产，是我们义不容辞的责任和义务。

航运兴则国家兴，航运强则国家强，让我们在习近平新时代中国特色社会主义思想的指引下，让初心照亮航程，让使命激励未来，共圆中国交通强国之梦！

# 前言



中国水域辽阔、水系绵延，江河湖海资源丰富，航运条件优越。

中国拥有18 000多公里的海岸线、300多万平方公里海洋国土面积，渤海、黄海、东海、南海四海相连，众多岛屿星罗棋布。中国有许多源远流长的大江大河：长江、黄河横越中国，北方的黑龙江、松花江、嫩江、乌苏里江、图们江、鸭绿江、辽河、海河、淮河，南方的钱塘江、甬江、瓯江、闽江、珠江，以及地处中国台湾地区的浊水溪、淡水河等，中部的沅江、湘江、汉江、赣江，西部的雅砻江、嘉陵江、澜沧江、怒江、雅鲁藏布江、塔里木河、额尔齐斯河等。众多江河，蕴藏着丰富资源，蜿蜒迤逦，通江达海。同时，我国还有众多大小湖泊，以及人工开凿的运河，为航运提供了宽广的水运腹地。勤劳智慧的中国人民利用丰富的航运资源和便捷的航运条件，推动了各个区域社会和经济的发展，并构成了我国悠久的航运文化。

中国古代航运，源于生产与交换，后随着造船技术与航运科技的发展，逐渐拓至民用、军用、商用、漕运，以及海外贸易等。“方两小舟，与共济，为航也。”浙江萧山跨湖桥遗址出土的七八千年前的独木舟，见证了先民最早的涉水活动。春秋时期，吴越开凿邗沟；秦汉时期，修筑沟渠；三国时期，卫温抵台湾过海峡；隋唐时期，京杭大运河连通南北；宋元时期，海上丝绸之路通达四海；明代郑和下西洋更是中国古代航海的壮举，开创了大规模船队航行世界的先河。

随着航运沿线港埠密集、航路开辟不断延伸，黄河、长江、珠江流域构成纵横水网，海上航线从近海拓至远洋。特别是古代“海上丝绸之路”，自秦汉肇始，经隋唐繁荣，至宋元明发展鼎盛，将更广阔区域的国家和民族联结，不仅承载着东西方物种、商品、人员的贸易往来，而且成为各国文化交流的通道，对人类文明产生了积极的影响。

近代以降，国力衰竭。西方列强从中国沿海渗入内陆。两次鸦片战争后，伴随五口通商、长江流域城市开埠，中外通航通商日趋频繁。面对中国沿海和内河航行权逐渐沦于洋商之手，民族航运业奋然崛起。无论是诞生于上海黄浦江边的轮船招商局，还是活跃在长江航道中的民生轮船公司，都为保护民族航运作出了不懈的努力。中华人民共和国成立后，特别是经过改革开放近40多年的建设，我国已经步入世界航运大国，同时，伴随上海、大连、天津等国际航运中心的建设，中国正朝着世界航运强国的目标奋进。

中国悠久的航运历史积淀了灿烂的航运文化，也为后人留下了众多的地标性遗存。这些遗存内涵丰厚、类型多元，既包括与航运直接相关的环境遗址，如码头、渡口、港埠、船闸、船坞、船厂等，也包括与航运相连的交通、贸易、社会生产、中外交流等设施，如桥梁、灯塔、海关、钞关、驿站、会馆、商馆、驿馆、蕃区街坊等，还有因航运而产生的信仰与宗教场所，如庙宇、天妃宫、祈风石刻等。这些带有地标性质的遗存，时间跨度大，分布广泛，具有鲜明的时代特点、地域特征和行业特性。从秦汉时期的古运河码头到晚清口岸城市税务司大楼，从天津的大沽船坞到上海青浦的泖塔，从屹立南海的鹅銮鼻灯塔到东南海滨的妈祖雕像等，这些地标分布在祖国的江海流域、湖泽广原，向后人叙述着丰富的航运历史，传承着厚重的中国航运文化。

中国航运历史文化贯穿古今，遍布各地。可以说，有人类涉水活动的地方，就有航运的历史文化。但由于编者认知的局限和图文资料收集的困难，本书收集的航运文化地标难以覆盖全国各个省市，且以历史上的地标为主，同时选择了一些较有代表性的现代地标。而对于纳入本书的航运文化地标，也存在着认定不一和选择疏漏的缺陷。因此，编撰此书，编者在恳请读者不吝赐教、予以指正的同时，更希望能抛砖引玉，引发更多人对我国航运历史文化的热爱和思考，进而对航运文化地标不断补充和丰富。

谨以此书献给为中国航运文化的保护、传承和发展辛勤付出的单位和个人。

# 目录

# 沿海卷

# 第一章

# 辽宁省

辽宁省是我国东北地区最南的省份，区位条件优越、交通便利，自古以来就是连接东北地区与华北平原及山东半岛的重要纽带。时至今日，辽宁省不仅是东北经济区与环渤海经济区的重要结合部，也是东北及内蒙古地区连接欧亚、面向世界的门户和前沿。

辽宁省濒临黄海与渤海，大陆海岸线东起鸭绿江口，西至山海关老龙头，全长2 178公里。在漫长的历史进程中，辽宁的社会经济发展始终与海洋及航运活动息息相关。考古资料表明，早在五六千年前的新石器时代，辽宁就已经通过先民的沿岸航海活动与朝鲜半岛甚或今俄罗斯远东地区产生了联系。在距今五千年左右，生活在辽东半岛的先民终于渡过了汹涌湍急的老铁山水道，与山东半岛上的先民一起打通了沟通两地的海上航路。自此以后，辽宁地区的航海活动便从未停歇。三国时期，公孙政权割据下的辽东地区，通过海路与孙吴政权统治下的江南地区保持着长期的联系。隋唐时期，辽东半岛一度是渤海国的朝贡航路及中日海上航线的重要中转站。因辽、金、元三代统治者对辽东半岛航运地位与航运职能的重视，辽宁地区的航海活动获得了长足的发展，一跃成为北方的航运重镇。明清时期，伴随着北方地区商品经济的初步发展与航海技术的逐渐进步，辽东半岛迎来了航海活动空前繁荣的时代。航海活动的繁荣兴盛也深刻地影响了辽宁地区的文化习俗与宗教信仰，自元代以降，辽宁始终是我国北方妈祖信仰的重镇。

悠久的航海历史为辽宁省留存了深厚的航运文化积淀，两千余公里的漫长海岸线上散布着诸多航运活动的历史见证。

# 大连港南、北灯塔

大连港南、北灯塔完工于20世纪初，由“南满洲铁道株式会社”修建。两座灯塔分列于大连港外围防波堤的顶端，与间隔363米宽的水面遥遥相望。其中南灯塔位于大连港东防波堤北端，建成于1912年，是大连市最早的灯塔。为花岗岩石砌建筑，主体结构为红色，距水面2.1米，灯高11.3米，光距12海里，灯质为等明暗红色12秒。北灯塔位于北防波堤东端，建成于1913年。花岗岩石砌建筑，建筑规格与南灯塔相同，主体结构为白色，灯质等明暗白色12秒。

一百多年来，南、北灯塔始终矗立在大连港的出入口处，默默地为夜间进出大连港口的船舶和水手们指引着方向。今天，大连港南、北灯塔作为大连“以港立市”的标志和见证，已经成为大连港的标志性建筑和大连市的重要文化景观。2009年，南、北两座灯塔被同时列入大连市第三批重点保护建筑名单。

# 大连十五库

大连“十五库”位于今大连市中山区港湾街1号，原作为港口仓库设计并使用。该库房建成于1929年，原始设计图纸题名为“甲埠头之十号仓库”，正式建成后编号被调整为十二号并标注于西侧墙体。中华人民共和国收回大连港后，对港内仓库堆场进行了重新排序，该库房最终被编号为十五号，“十五库”之名由此而来。

“十五库”长196米，宽39米，高18.45米，为4层钢筋混凝土结构，总建筑面积2.6万平方米，容量1.5万吨。建筑一层有160根圆形立柱作为支撑，四层设有486平方米的保温库房。建筑北侧临海一面采用错层设计，有3个露天装卸平台，南侧建有铁路专用线路。“十五库”为当时东亚地区建筑面积最大、机械化程度最高的港口仓库，其时有“东亚第一库”的美称。

2006年，“十五库”所在的大连市东港商务区全面动迁改造，“十五库”作为历史建筑得以原址保存并接受了全面的功能改造。如今的“十五库”作为一处以“文化、创意、时尚”为主题的综合创意消费区，在曾经为航运业服务半个多世纪的地方，继续见证着这座城市的发展与繁荣。

# 大连港集团办公楼

大连港集团办公楼，旧名“满铁大连埠头事务所大楼”，修建于20世纪初。1907年10月，日本殖民当局为管理从沙俄殖民势力手中夺取的大连港而设立了“南满洲铁道株式会社大连埠头事务所”。1916年6月，事务所大楼于港湾广场东北部的三角地正式动工兴建。大楼修建过程颇为漫长，前后两期共历时十年，直至1926年12月31日，二期工程最终完工。大楼占地面积2 949.7平方米，建筑面积2万余平方米，建筑楼层为7层，设计风格上具有鲜明的美国鲁尼桑斯式建筑特征。近百年来，这座大楼见证了20世纪上半叶外来侵略势力对中国港航权益的冲击，也见证了中国港航业界不屈不挠的斗争精神。2003年，大连港推行管理体制改革，实行政企分开，大连港集团有限公司成立。曾经的“大连埠头事务所”大楼随之成为大连港集团的办公地，翻开了新的历史篇章。

# 大连海事大学

大连海事大学是一所历史悠久的航海高等学府，其历史最早可以追溯到1909年设立的邮传部上海高等实业学堂船政科。以船政科为基础创办的邮传部上海高等商船学堂自1911年创办以来屡经坎坷，校名亦屡次改易，最终于1950年与交通大学航业管理系合并，并更名为上海航务学院。1953年，上海航务学院与东北航海学院（源于1927年成立的东北商船学校）合并。同年，福建航海专科学校（源于1920年成立的集美学校水产科）并入，大连海运学院（即今大连海事大学前身）正式成立并自此获得了长足的发展。1960年，大连海运学院被确定为全国重点大学。1983年，联合国开发计划署（UNDP）和国际海事组织（IMO）在大连海运学院设立了亚太地区国际海事培训中心。1994年，大连海运学院正式更名为大连海事大学，并于1997年成为国家“211工程”重点建设高校。2017年，大连海事大学进入国家“世界一流大学和一流学科”建设高校行列。

大连海事大学的发展历史，代表了中国高等航海教育的发展历程。学校在民族饱受外辱、国运衰败之际萌发创办，并肩负着“挽救航权，振兴国运”的历史使命。虽几经周折，历经磨难，但始终薪火相传，不断发展，培养了大批航运事业的栋梁之材，为振兴和发展国家航运事业做出了重要贡献。

# 老铁山灯塔

老铁山灯塔位于辽宁省大连市旅顺口南端，坐落于老铁山西南侧一个海拔 86.7 米的岬角坡地上，灯塔前南北方向的海面即是黄海与渤海的分界线。老铁山灯塔三面环海，一面背山，塔高 14.2 米，直径 6 米。老铁山灯塔建于 1893 年，系清政府为保障北洋舰队通行安全并兼顾民用而建立。灯塔选址与勘测延请英国工程师完成，主体结构设计与订购来自法国。灯塔装备的大型光学透镜由水晶玻璃研磨而成，在当时尚以油灯照明的条件下光距即可达 25 海里。

中华人民共和国成立后，老铁山灯塔经历了多次技术升级与改造，逐渐跻身于世界最先进灯塔的行列。1959 年，老铁山灯塔接入市供电网，油灯照明成为历史。1977 年，灯塔增设全球卫星高精度定位系统。2002 年，灯塔装备了船舶交通管制雷达站。2004 年，灯塔又增设了船舶自动鉴别导航系统。

1997 年，老铁山灯塔被世界航标协会评为世界历史灯塔。2013 年，老铁山灯塔入选第七批全国重点文物保护单位。2013 年 7 月，第十二届全国运动会圣火在老铁山灯塔下成功采集。

一百多年来，老铁山灯塔始终守望着汹涌湍急的老铁山水道，守望着往来穿行的船舶与水手。每到入夜时分，灯塔旋转着两条交错的光柱，划破夜空，穿透黑暗，为南来北往的船舶照亮前路，指引着前行的方向。

# 营口航标监测站

营口航标监测站位于营口市区西南十几公里的海边滩涂上，北临四道沟，西濒辽河入海口。营口港水文条件特殊，为不正规半日潮港，平均潮差2.5米，最大潮差4.5米。因辽河携带泥沙多年沉积，导致河口航道水深较浅，故而一般船舶需候潮水进出港区。营口航标监测站因此而建立，负责为进出港船舶提供潮汐水位服务。

营口航标监测站的历史可以追溯到110多年前的晚清时期。1904年，四道沟建有木质信号杆一处，用以标识水位信号，称为拦江沙信号台，此即营口航标监测站的前身。1915年，拦江沙信号台修建了专用电话线路，装备专用电话。1928年，新建铁塔信号杆一处，代替了旧有的木质信号杆。1956年，大连港务管理局营口分局对信号铁塔进行大修。1977年5月，航标监测站组织技术人员自行设计制作了电动操作台，结束了人力手摇操作历史。1978年6月，始建四道沟信号台值班楼，极大改善了航标监测站的工作及生活条件。2000年10月，营口航标监测站采用了天津海洋所研制的“营口水文气象自动观测系统”，验潮基本实现了自动化。2010年，营口航标监测站获得营口市颁发的“最佳服务窗口”牌匾。

# 台子山灯塔

台子山灯塔坐落于营口市鲅鱼圈区墩台山烽火台西南70米，是营口港鲅鱼圈港区最重要的识别标志。灯塔底平面海拔高度115.5米，灯高131.4米，塔高20.9米，为白色钢筋混凝土结构建筑。主灯灯质为闪白10秒、射程25海里，备用灯灯质为闪白10秒、射程7海里。台子山灯塔于1984年开始筹备，1989年5月正式开始施工建设，并在当年内完成了灯塔主体结构的建造及灯器的安装工作。1993年6月20日，台子山灯塔正式投入运行，标志着北方海区现代化灯塔链完成了在辽东半岛西海岸重要连接点的对接。

2006年，台子山灯塔安装AIS（船舶自动识别系统）基站，实现了鲅鱼圈及附近海域的AIS信号的有效覆盖。2008年12月，台子山灯塔主灯器进行了更换升级。2009年5月，台子山灯塔被评为“四星级文明灯塔”。

截至2017年底，在台子山灯塔的默默注视下，营口港鲅鱼圈港区迅猛发展，成长为全国排名靠前的综合性主枢纽港，这些都离不开灯塔人的无私坚守和保驾护航。

# 长兴岛灯塔

长兴岛灯塔地处渤海海区，位于大连瓦房店长兴岛西部候山上。灯塔主体为白色混凝土结构，塔高10米，灯高199米，灯质为闪白25秒，灯光射程达25海里。长兴岛灯塔修建于1932年。1945年，灯塔遭到严重破坏而停止使用。1960年，修复完成的长兴岛灯塔恢复发光，再次投入使用并服务至今。

半个多世纪以来，长兴岛灯塔持续为通过老铁山水道进出渤海湾及营口港的船舶提供助航服务，为保障航路的安全发挥了不容忽视的重要作用。

# 大孤山天后宫

大孤山天后宫坐落于丹东市大孤山下庙西路，位于大孤山国家森林公园内，是大孤山古建筑群的一部分。大孤山天后宫始建于清乾隆二十八年（1763 年）。据考，最初由“放排”运输木材的伐木工人集体筹资兴建，其后不断修缮完整，至今已有二百五十余年的历史。大孤山天后宫结构完备，主体建筑包括山门（又称前殿）、钟鼓楼、前东西配殿、过门、额厅、后东西配殿、圣母殿等，天后宫内保存有“永庆安澜”匾额一块，为左宗棠于光绪十一年（1885 年）所题。

大孤山天后宫为我国北方地区现存的修建时间最早、保存最完善、规模最大的古代天后宫建筑，至今依然是妈祖信仰的重地。近年来，大孤山天后宫每年举行的妈祖生辰祭典，也成为沟通两岸人民的一条重要的情感纽带。

# 第二章

# 河北省

河北省地处华北平原，位于黄河下游以北、太行山以东、燕山以南，与辽宁、内蒙古、山西、山东及津、京等地相接，东临渤海，地理位置十分重要。省区内地形复杂，西北高，东南低。受地理位置和地貌特征的影响，当地雨量集中，来自东南太平洋的暖湿气流极易受太行山和燕山的阻挡而在山前形成降雨，而后或循故河道汇流入海，或因河道一时无法容纳而泛滥漫溢。这种状况使得河北地区尤其是河北东南部地区水资源呈现阶段性丰富态势，但古今河流走向与分布变化很大。

就航运条件而言，河北拥有众多的河川和绵长的海岸线，河海输运相辅相济，航运历史悠久。内河方面，境内河流众多，分布广泛：南运河、北运河、子牙河、大清河、蓟运河和滦河是河北地区主要的通航水道。这些河流虽具有东流入海的总体趋向，但河道流经变化频仍，改道频繁，人工疏浚与人工运河便应运而施。

早在战国时期，河北地区就出现了运河工程——易水运粮河，这是古代先民从因势利用自然到改造自然的跨越式改变。至曹魏三国时期，出于军事统一的需要，河北地区修建了白沟、平虏渠、泉州渠等，形成了早期大河小川相通的运河交通网。隋代以降，经济重心的南移及北方对南方物资的仰仗使得开凿大运河势在必行。大运河顺势开凿，不仅便利了河北地区的水运交通，也沟通了南北河运交往。元代定都大都（今北京），此时期河北地区会通河的疏浚为后续河漕的兴起奠定了基础。及至明中后期，漕粮运输主要以河运为主，因此明朝运河几乎长期处于用工修浚的状态。

河北地区内河入海口，多形成沿岸海港，为内陆与海洋的沟通搭建桥梁。在河北沿海港口中，秦皇岛港的开发历史非常悠久，其不冻不淤的港航条件为港口发展奠定了厚重基石。在海运方面，河北地区起步很早，见于史籍最早的港口之一——碣石港，是战国中期燕国重要的港口。历史上，河北地区海运的繁盛时期当为元代，由海运漕粮入京而带来。河北地区海运的另一个高峰时期是中华人民共和国成立后，丰富的煤炭资源和现代化的港口设施，使秦皇岛港成为中国北方重要的国际贸易港口。

纵观历史，河北地区内河航运和海上航运相互补益，这种互补留下了不同时期航运地标的遗迹，不仅代表了河北地区航运历史，也反映了河北在中国航运发展史中的地位。

# 南运河（沧州段）

南运河为京杭大运河的北段，又称为御河。南运河的沧州段北起青县李又屯村，南至吴桥第六屯，主要流经吴桥、东光、南皮、泊头、沧州市区、沧县和青县，总长253千米，是京杭大运河流经20多个城市的各条河段中里程最长的一段。

南运河开凿的历史最早可追溯到东汉时期，其后又经历多次修整和改造。南运河最初的形态为一条名为“白河”的小河。东汉时期，曹操开凿平虏渠，与东汉建安九年开凿的白沟共入清河，为后来开凿南运河奠定了基础。隋代重修永济渠，连接白沟。元代又先后开通济州河、会通河、通惠河，以天津三岔口为界，南为南运河，北为北运河，起名为“京杭大运河”。明、清漕粮运输增加，故又名漕河。因分段命名，卫河下至三岔口称卫漕。现以水系划分，因其属漳卫南运河水系，故称南运河。现存南运河（沧州段）河道的主要功能为泄洪和输水，局部地区取水灌溉和排污。

沧州段运河沿线有较多水利工程遗址，是研究当地漕运及运河史的宝贵资料。

# 保定府河

保定府河位于河北省保定市，又称府河。它以一亩泉河为主流，并拥有候河、白草沟等支流。保定府河曾是保定城水路交通要道，而保定府河上的府河码头则是水路交通的枢纽。

保定府河在北魏郦道元所著的《水经注》中被称为“沈水”，后又被称为沈苑泊、西塘泊。北宋淳化三年（992年），保州知州李继宣疏浚一亩泉河，与鸡距泉水会合，流经保州城关，并且造船百余艘，运送粮物，保州遂成为北方的水路交通枢纽。蒙古太祖（孛儿只斤·铁木真）二十二年（1227年），保州等处都元帅张柔由满城移驻保州，疏浚一亩泉河和城内河道，促进了当时水路运输的发展。明洪武元年，保定路改名保定府，后称府河。清乾隆年间又疏浚了候河、白草沟河及下游数十里的河道。

保定府河是保定地区的内河航运标志，见证了沿岸的文化和经济发展变迁，它对研究当地航运历史文化有着重要作用。

# 沧州铁狮子

沧州铁狮子又名“镇海吼”，位于河北省沧州市，铸成于后周广顺三年（953 年）。铁狮子坐北面南，身披障泥，背负莲盆，前胸及臀部饰束带，鬃作波浪状披垂项上。狮身长 6 米，体宽 3 米，通高 5.5 米，重约 40 吨。

沧州铁狮子来历有多种说法：一是后周世宗北伐契丹时，为镇压沧州城而造；二是从铁狮子位于开元寺前，腹内有经文等等佛教因素推测应为文殊菩萨的坐骑而造；三则是因“镇海吼”这个名字推断是为了镇住海啸而造的异兽。

沧州铁狮子承载了当地水患传说，对了解和保护沧州地区自然历史环境有着重要意义。

# 蚕沙口天妃宫

蚕沙口天妃宫坐落于唐山市滦南县蚕沙口村西。据考，蚕沙口天妃宫与其对面的蚕沙口古戏楼均为北上南人同当地渔民集资筹料所建，成为沿海少见的古建筑群。因最初庙宇以鱼骨为梁，又称“鱼骨庙”，部分鱼骨仍保存至今。

天妃宫建筑结构分为正殿和后殿。天妃宫正殿，塑三位女神像。主神为天妃（妈祖），两侧为林姐妹六人中志同道合的姐妹二人。大殿两厢把门屹立青龙、白虎二神将。在正殿中东西两侧还供奉关公、海龙王、火神、药王、千里眼、顺风耳、平浪将军和赶鱼郎等神像。后殿为观音圣母殿，与其他地方的“倒座观音”不同，这里的观音坐北面南，朝向大海。

蚕沙口曾是古代海运入京东辽西地区的必经海河转运码头和天然避风港湾。蚕沙口天妃宫自始建以来，历经了明永乐、清乾隆和民国期间三次扩建修葺。每年农历三月二十三（妈祖神诞），蚕沙口都会举办盛大的庙会，原先的庙会“迎献”逐渐形成演戏“酬神”风俗。

蚕沙口天妃宫是河北地区妈祖信仰的重镇，为研究北方地区妈祖信仰及其传播提供了宝贵的实物资料，也为古代海洋文明研究提供了重要的参考。

# 曹妃甸灯塔

曹妃甸灯塔位于唐山市曹妃甸工业区南端，塔高 24 米，灯高 21.5 米，射程 14 海里，灯塔主体结构为黑白相间圆柱形，灯高 21.5 米，光距 14 海里。

曹妃甸上的灯塔，是唐山曹妃甸工业区开发前岛上唯一的建筑物，也是曹妃甸的标志性建筑。天津开埠初期，天津海关和英商航运公司建议在曹妃甸岛上建造灯塔，以为航行标志，但是由于当时建筑技术落后、物资运输困难且资金缺乏，灯塔始终未能建成。直到清朝光绪十二年（1886 年），清政府天津海关税务司才在岛上建成了当地第一座具有现代意义上的灯塔。此后，灯塔在 1925、1950、1962、1986、1998 年进行了多次的改造，成为钢质架灯桩结构。

曹妃甸灯塔是我国北方近代海运航标史的一项重要见证，至今依然发挥着助航服务的功能。

# 山海关老龙头海神庙



山海关老龙头海神庙位于河北省秦皇岛市，沿老龙头西行300米即为海神庙。

山海关老龙头海神庙始建于明初。明代海运开通，山海关的石河口被辟为漕运码头，往来船舶数量激增，船户渔民多在老龙头海神庙祈祷海事平安。海神庙曾在明万历十三年（1585年）、清乾隆四十四年（1779年）、清光绪元年（1875年）三度重建。1987年，在原址发现了汉、满两种文字对照镌刻“御批”和祭文巨碑一块。1988年，山海关区政府在原先的遗址上重建了现在的海神庙。重建后的海神庙伸入海中130米，坐南朝北，由牌坊、三孔桥、山门、钟楼、海神殿、游廊、天后宫、栈桥、观海亭等几部分组成。

山海关老龙头海神庙作为重要港口的海神庙，是了解当地航运文化的重要文化遗址。

# 秦皇岛港

秦皇岛港位于秦皇岛市海港区，港口条件优良，水深浪小，常年不冻、不淤。秦皇岛港依托华北、东北两大资源产区作为经济腹地，是我国煤炭、原油运输的主要港口。

1889年，秦皇岛港被清政府辟为商埠。1898年，秦皇岛港开港，不久即成为开滦煤矿的主要出海口。1960年8月，八号、九号码头建成。1983年7月，与京秦铁路相配套的秦皇岛港煤码头一期工程建成。1985年和1989年，分别完成了吞吐量为2 000万吨、3 000万吨的煤二、三期码头。

一个世纪以来，秦皇岛港见证了西方海上势力对中国传统经济的冲击，见证了中国近代海运事业的蹒跚起步与曲折前行，也见证了中华人民共和国成立后尤其是改革开放以来中国经济的飞速发展与海运事业的繁荣兴盛。今天，秦皇岛港作为中国最大的能源输出港与重要的对外贸易码头，继续为华北地区、环渤海地区乃至整个国家的经济发展提供助力。

# 第三章

# 天津市

天津地处渤海西岸，地势平坦，富饶辽阔。天津海岸的形成，是气候变化、新构造运动和多沙河流淤积共同作用的结果。在经历海侵之后，海退开始，渤海湾西部海岸出现四次稳定期并形成贝壳堤；在距今约 4 000 多年前，天津大港区附近贝壳堤形成。此后海水继续退去，加之沙河淤积，当地逐渐形成冲积平原。据考古发现，早在两千多年前的战国时期，天津地区就已人口稠密，烟村相望。

从古至今，天津与航运有着悠远深邃的联系。天津依河傍海，大运河纵贯南北，沟通了黄、淮、海、长江四大水系，天津因此也得以坐享河、海运输之便利。依托运河航运，南北方的经济得以在此交流；依托海洋航运，东西洋的文化得以在此碰撞。兼容并蓄，融合发展，天津形成了独特而富有魅力的航运文化。

东汉时，人工河渠的开凿奠定了天津航运文化的基础。隋代大运河开通，天津地处运河最北端，因运河、海河、渤海在此交会，故得名“三会海口”。元建都大都（今北京），天津地处河海交会之要冲，成为漕粮转运的枢纽。至明代，虽畅行河漕，但永乐年间海漕依然并行，大批漕粮经天津转运北京，天津相关行业亦因此得到发展。永乐二年十一月二十一日（1404 年 12 月 23 日），朱棣在此设卫筑城，并赐名“天津”，乃天子渡口之意。天津作为一座滨海航运城市的新纪元，由此开始。清中叶以后，海禁政策逐渐放宽，天津的海运业快速发展，海船不仅往返辽东、闽广等地，亦行驶至朝鲜、日本开展贸易。开埠之后，受西方海运经济和海上贸易的刺激，天津迅速发展成为中国北方最大的出海口，海运也由传统的帆船运输发展为轮船运输，近代以来的风云际会使得天津一跃而成为当时中国北方的经济中心。

千年的航运史留下了众多的文化地标，从秦汉时期的古运河到清末的南洋航线，从秦汉时的云海神到今天的妈祖，从天津北门外南运河的钞关浮桥到海河边的铁缆桩……这些航运地标无声地诉说着往日的繁华，斑驳的锈迹镌刻着曾经的荣光。

# 天后宫

天后宫又称娘娘宫，始建于元泰定三年（1326 年），位于今天津旧城区东门外、三岔河口西岸，如今的古文化街上。

元至元十九年（1282 年），南方的漕粮开始通过海路运输北上，妈祖文化也逐渐由南向北传播。海漕的起点在刘家港，终点在大直沽。彼时大直沽的三岔河口是漕粮向京师转运的枢纽。海漕作为双向运输，漕船从江南运来漕粮和其他必需品，又从直沽运走北方的商品。因此，漕船从直沽回航时，风险的存在使得海神信仰、天妃祭拜成为需求，三岔河口的天妃宫因此兴建，供漕运船民祈求行船平安。

天后宫建立六百多年来，一直香火颇盛。不但往来船户必定前来祈祷，远近百姓也多前来祈福。1954 年，天后宫被天津市列为重点文物保护单位。1986 年元旦，经过重新修整后，作为天津民俗博物馆对外开放。

# 天津海关

天津海关旧称“津海关”，关址最初设立在东浮桥（今河北区金汤桥）附近的梁家园，同治元年（1869 年）迁至现址，即当时天津法租界内的圣路易路（今天津市和平区营口道 2 号）。天津海关旧址建筑为一栋西洋风格的二层混合结构楼房，占地面积约 2 400 平方米，建筑面积约 4 200 平方米，转角处设有高耸的竖直方向标志物和主入口。该建筑曾经历三次大规模扩建。1976 年唐山大地震中局部损坏，后进行抢救性加固并保存至今。现为天津市和平区文物保护单位和重点保护等级历史风貌建筑。

1860 年，第二次鸦片战争失败后，清政府签订了不平等的《北京条约》，天津被迫辟为对外商埠。第二年，清政府建立了津海关，法国人克士可士吉（Kleczkowski，1818—1886）为首任税务司（即关长）；而从清光绪三年（1877 年）开始，由一名英籍德国人德璀琳担任津海关税务司，时间长达 22 年。津海关自 1861 年开关至中华人民共和国成立前，共有 66 任税务司，悉为外籍。

1949 年 1 月 15 日天津解放，津海关是中国共产党接管的新中国第一个较大的口岸海关。1950 年 2 月，经中央人民政府批准，津海关更名为“中华人民共和国天津海关”。

# 轮船招商局天津分局

轮船招商局天津分局是轮船招商局成立最早的分局之一，位于紫竹林英租界的英国河坝（今天津市河西区台儿庄路）与宝顺道交口北侧，是“招商津局”最早的营业行址。清同治十二年（1873 年）冬，在行址南侧修建栈房，用于储存漕粮，称“招商南栈”。后因漕粮运量增大，于招商局英中街（今天津市和平区解放北路）对面扩建栈房三座，称“招商西栈”。1876 年，招商局天津分局并购旗昌洋行，将其址辟为“招商北栈”（今天津和平区大连道口）。1883 年购入朱家码头（今天津市和平区彰德道口），称“招商东栈”。此四处栈房，招商局天津分局沿用近四十年。

天津开埠前，河上、海上往来的都是旧式木帆船；开埠后，新式轮船成为各类运输主力。外国轮船公司依靠技术优势，垄断了当时的进出口贸易和航运事业，从中国攫取了大量财富。目睹此情，洋务派开始涉足航运业，振兴民族事业。清同治十一年（1872 年），李鸿章派朱其昂、朱其绍在天津、上海联络华商募集资本，筹建“轮船招商局”。同年十二月十六日正式开办，总局设于上海，但一切行政事务和决策，均秉承坐镇天津的李鸿章的意志办理。显而易见，天津是中国最早的近代航运史发祥地和决策地。次年，即清同治十二年（1873 年）二月，“轮船招商局”在天津、牛庄、烟台等地设立分支机构。

轮船招商局是洋务运动中第一个官督商办，与外商抗衡的近代化交通企业，招商局天津分局下设中国驳船公司，主要承接运输业务，专门从事与外国商人竞争大沽口到租借码头的驳船生意。招商局成立之前，天津港尚无中国籍轮船出入，轮船招商局的成立和天津分局的建立，打破了外国轮船把持天津航运的状况，使天津出现了中国人自己经营的近代化运输产业。

# 大沽船坞遗址

大沽船坞全称为北洋水师大沽船坞，现为北洋水师大沽船坞遗址纪念馆，位于今天津市塘沽区大沽坞路27号天津市船厂之内，于2000年10月28日（即北洋水师大沽船坞建坞120周年之际）开放。大沽船坞是继福建马尾船政、上海江南船坞之后，中国第三所近代修造船厂，同时也是中国北方最早的船舶修造厂和重要军火基地。目前主要历史遗存为甲坞及百年轮机房。

清光绪六年（1880年）十一月，为供应北洋海军战舰所需的燃料、物资，并使“北洋海军战舰遇有损坏，均可就近入坞修理”，李鸿章责令马建忠等人于天津大沽海神庙旧址创办北洋水师大沽船坞，由李鸿章的翻译、早期留法生罗丰禄为负责人。大沽船坞的主要设备均购自国外，开办5年后，建成用于舰艇检修等用途的船坞5个，土坞2个，并内设码头、木厂、轮机厂、锅炉、枪炮厂等。北洋海军25艘舰船，除“定远”“镇远”等7艘舰船因吨位过大无法入坞维修，其余18艘舰船皆可在此维修。此外，大沽船坞还兼造轮船、生产军火。

北洋水师大沽船坞，自清光绪六年（1880年）创办以来，经历了中国近代以来的百年风雨，前后更名近十次，中华人民共和国成立后更名为“天津市船厂”，并一直沿用至今。大沽船坞是清末洋务运动风起云涌的亲历者，是中国造船业、民族工业蹒跚起步的当事者和天津产业工人成长以及天津市在近代中国历史上重要作用的见证者，因此具有近代工业遗产和历史文物遗迹的双重意义。2018年1月，大沽船坞遗址入选中国工业遗产保护名录。

# 亚细亚火油公司塘沽油库

亚细亚火油公司塘沽油库建于1915年，旧址位于塘沽区三槐路86号，是其时英国、荷兰两国在中国石油产品贸易的专门转运经营机构，至今已有近百年历史，是近代天津被迫开埠的产物及西方列强对中国进行经济渗透的历史见证。

亚细亚火油公司，英文名 Asian Petroleum Company，是英国壳牌石油公司和荷兰皇家石油公司联合罗特希尔德公司共同出资建立的子公司。在19世纪上半叶曾经垄断亚洲，特别是中国的销售市场。1903年6月29日成立。1911年，亚细亚火油公司天津分公司成立。1915年，亚细亚火油公司在塘沽修建一座储油量2.2万吨的油库和码头。1949年，塘沽解放，亚细亚火油公司塘沽油库由军管会接管，更名为“901油库”。1954年，亚细亚火油公司关闭，从此退出历史舞台。

作为天津近代重要历史遗存，亚细亚火油公司塘沽油库旧址现保存有1915年建造的办公楼1座、油罐2座。其中，办公楼为一座英式二层楼房，坐北朝南，临海河而建（海河对面的西南临岸即为大沽船坞遗址），为砖混结构，红墙灰顶，尖顶平收、飞檐，房间均铺设木质地板；走廊顶部为券顶，欧式风格木质门窗。办公楼占地252平方米，至今保存完好，现仍作为办公用房使用。两座油罐由金属板材铆制而成，高约15米、基座直径29米。罐体外层包裹以金属薄板保护层，罐体与金属薄板保护层间填充保温材料，四周建有高约3米的砖墙环绕保护，使用至今。

# 大沽灯塔

矗立在渤海湾大沽口海面上的大沽灯塔建于1978年，是我国第一座水中灯塔，也是我国目前自行设计、自行建造的最高灯塔，比英国著名的皇家灯塔还要高大。

大沽灯塔于1971年10月18日正式开工，1978年5月1日建成正式发光。该塔的位置在距新港船闸东13.3海里处，是一座红白相间混凝土圆塔。大沽灯塔共11层，塔高38.3米，塔的水下部分为一个重1 500吨的锥台式钢筋混凝土沉箱和54根24.5米长的钢板桩，抛下近30 000立方米的沙、石。塔身由钢筋混凝土圆筒组成，塔顶装灯器，灯器高6米多，直径3米，重16吨，灯高35.6米，射程17海里。

大沽灯塔的建成和使用，对引导船舶安全进入天津港发挥着重要作用。大沽灯塔自建成到现在，30多年来一直保持着100%的发光。如今，灯塔上已经安装了太阳能供电装置，并配备了遥控遥测系统和360°摄像头。特殊的地理位置，鲜明的建筑造型，加上重要的助航功能，使大沽灯塔赢得“夜海明珠”的美誉。

# 天津港

天津港亦称天津新港，坐落于天津滨海新区。地处渤海湾西端海河入海口，背靠国家新设立的雄安新区，处于京津冀城市群和环渤海经济圈的交汇点，是中国北方重要的综合性港口和对外贸易口岸。天津港辐射东北、华北、西北等内陆腹地，连接东北亚与中西亚，是京、津、冀的海上门户，也是中、蒙、俄经济走廊的东部起点、新亚欧大陆桥的重要节点和21世纪海上丝绸之路的战略支点。

天津港主要由北疆、东疆、南疆、大沽口、高沙岭、大港、北塘和海河港区八个区域组成，水陆域面积广阔，岸线资源丰富。作为综合性港口，天津港港口功能齐全，拥有集装箱、矿石、煤炭、焦炭、原油及制品等各类泊位总数176个，其中万吨级以上泊位122个。同时作为世界级人工深水港，30万吨级船舶可以自由进出天津港。2014年12月26日，天津港复式航道正式通航，使航道通航能力在双向通航基础上实现了再次升级。

天津港对外联系广泛，服务功能完善，同世界上180多个国家和地区的500多个港口有贸易往来，集装箱班轮航线达到120条，联通世界各主要港口。同时天津港对内辐射力带动力强，全港70%左右的货物吞吐量和50%以上的口岸进出口货值来自天津以外的各省、市、自治区。

天津作为我国近代历史上典型的以港兴城的城市，以其优越的地理位置和水运条件，成为我国洋务运动的发祥地之一和中国近代工商业文明的先驱之地，曾与上海并驾中国南北。21世纪的天津港正以恢弘的气势，在渤海湾畔谱写新时代的港航篇章。

# 第四章

# 山东省

山东省地处华北平原东部、黄河下游地区，东临黄、渤两海，南连江淮平原，中部为鲁中南山地丘陵地带，属禹贡“九州”青、徐、兖、豫四州之域，境域包括半岛和内陆两部分。

山东海岸线绵长，有长达 3 121 公里的海岸线和全国统一编号的岛屿 299 个，构成了总面积为 44 470 平方公里的沿海区域。内陆河流水系发达，通航河流多分布于鲁北、鲁西及鲁南区域，黄河自西向东穿越山东，从渤海湾入海，京杭大运河纵贯鲁西平原，通航河流济水、漯水、卫河、小清河、泗水、汶水、淄河与胶莱河等共同构成了山东四通八达的航运交通体系。这些水系与微山湖、菏泽、大野泽、雷泽等众多湖泊，形成了山东典型的黄河冲积平原地域特征。

山东气候温和，四季分明，物产丰富，同时特殊的地理环境与便利航运交通，孕育了海、陆兼容的航运文化底蕴：从蓬莱阁到青岛广阔的海岸线上，密布着规模宏大的明清海防设施、近代灯塔遗址遗迹以及海神祭祀与海商会聚遗址，内陆运河沿线则分布着众多代表典型运河文化的水闸、会馆、码头等遗迹，成为后人了解过往山东航运的重要文化地标；而胶东海草房与枣庄石板房，作为不同地域独具特色的民居建筑，形成鲜明对比，构成了沿海与内陆不可多得的多元文化景观。

# 日照老石臼灯塔

日照老石臼灯塔位于日照港务局食堂东侧，是日照石臼商人贺仁庵捐资修建而成。该灯塔由英国人设计，1932年开始动工，1933年完工。塔高16.6米，为5层建筑（目前仅剩4层），为当时日照最高建筑物，也是当地最重要的航运地标之一。

灯塔占地面积约为30平方米，呈八角形，为花岗岩构成，有黑白相间的横纹。灯塔建成后，贺仁庵邀大店翰林撰写碑文，并刻石碑于塔侧。解放战争时期，灯塔遭严重破坏。中华人民共和国成立后，中国人民解放军海军青岛基地司令部航海保证部接管该灯塔，并对灯塔进行维修改造。20世纪80年代，老石臼灯塔东北面建造新日照灯塔，老灯塔遂于1992年退出导航舞台。

老石臼灯塔的修建，不仅便利了南北船只航运，也见证了日照港与日照城市的发展。2015年，老石臼灯塔被列为山东省文物保护单位。

# 琅琊台遗址

琅琊台遗址位于山东省青岛市黄岛区琅琊镇（原胶南市属地）驻地夏河村东南 6 800 米处的琅琊山上，为第七批全国重点文物保护单位。《山海经》云："琅琊台在渤海间。盖海畔有山，形如台，故名琅琊台。"琅琊台东、南、北三面濒临黄海，西面连通陆地，由东西向、东低西高的多道山梁和主山梁构成，主峰海拔高度为 183.4 米。台基位于主山梁东侧，台顶部宽阔平敞。

作为一座具有祭祀功能的古代高台建筑，琅琊台深受古代帝王将相的青睐。春秋、战国时齐桓公、齐景公曾游此；越王勾践灭吴后北上争霸，由会稽徙都琅琊，于琅琊台上"起观台，台周七里，以望东海"；秦始皇统一六国后，曾三次登临琅琊台，并于台上建造春、夏、秋、冬礼祀四时主的神祠，刊石立碑，纪秦功德。此后，秦二世、汉武帝、汉宣帝、东汉明帝等均曾行幸琅琊，礼祀四时主。北宋大文学家、知密州军州事苏轼曾考察秦碑，作《书琅琊篆后》，刻石置于诸城超然台。目前，琅琊台刻石收藏于中国国家博物馆，出土的"千秋万岁"和"卷云纹"瓦当等珍贵文物收藏于胶南市博物馆。

# 胶东马濠运河

胶东马濠运河为青岛市重点文物保护单位，位于青岛市黄岛区长江路街道办事处中心。南起唐岛湾，北至黄岛前湾，全长 7 000 米。

元至元年间，马濠运河的开凿因遇石受阻，未能成行。明嘉靖年间，马濠运河复开成功，胶莱运河全线畅通，便利了南北商贾舟船往来。1997 年，黄岛区人民政府在马濠运河中段修复一段明渠，全长 450 米，并在河东岸修建了马濠公园，同时通过地上划定保护范围进行绿化、地下修筑涵洞等方式，对马濠运河进行保护。

马濠运河为胶莱运河一段，而胶莱运河开凿于元代，是山东半岛的一条重要河流。因元、明两代江南粮米由此运往京师，当地又称“运粮河”。以平度市姚家村东分水岭为界，南北分流，北流入莱州湾，南流入胶州湾，故取两湾首字命名，名曰“胶莱运河”。目前，运河沿线仍保留着大量水利工程设施及重要文化遗迹，其开凿不仅大大缩短了江浙至京津的距离，对于促进南北间经济、文化交流和运河两岸经济发展，也起到了重要作用。因此，包括马濠运河在内的胶莱运河沿线各遗址，对于研究我国元明两代的经济、海运乃至胶州湾的潮汐、海洋环流均有重要历史价值。

# 青島港

青岛港始建于1892年，位于山东半岛胶东湾畔——我国北方海岸线的中央位置。作为长三角经济区和环渤海经济区的结合部，青岛港在东北亚港口群中占据了有利地位。

青岛港港区由青岛老港区、黄岛油港区、前湾新港区等港区组成，港口腹地广阔，港内水域阔深，自然条件优越，适宜四季通航，因此港口吞吐量在世界排名中名列前茅。作为太平洋西海岸重要的国际贸易口岸和海贸枢纽港之一，青岛港主要从事原油、煤炭、集装箱、粮食等各类进出口货物的装卸、存储、中转等物流与客运服务。因与世界各地数百个国家、地区的港口有密切的贸易往来，青岛港被国务院定位为现代化的综合性贸易大港和东北亚国际航运枢纽港。

改革开放40年来，青岛港人奋勇拼搏，走出了一条自出创新、资源节约、环境友好的和谐发展之路，实现了百年老港的跨越式发展，不仅在港口自身建设发展中做出了突出贡献，也见证、反映了中国港口发展的历程。

# 青岛朝连岛灯塔

青岛朝连岛灯塔建于1899年，是德国海军在青岛海域建造的规模最大的灯塔，也是青岛地区最早的灯塔，采用的是建筑与灯塔连为一体的建筑形式。该塔位于距市区30海里的青岛市崂山区朝连岛上，选址于朝连岛最高点，依地势而建，周围多陡峭礁石。该灯塔的主要作用是为进出胶州湾以及在黄海海域通行的船舶提供导航定位服务。

朝连岛灯塔建筑面积约为300平方米，建筑平面呈“工”字形。建筑在南侧、西侧各有一个入口，西入口颇具德国建筑特色。建筑为石砌结构，主要采用花岗岩建造，厚重坚固。灯塔位于地上二层，为八角形石塔，塔高12.8米，灯高80米，灯光射程为24海里。

该灯塔1940年进行维修，1941年3月建成无线电指向标，1958年10月建成气雾号，1982年12月由海军移交青岛航标区管理，1993年灯塔大修。这座灯塔历经百年，至今仍在发挥作用，既具有较强的实用性，也是一处重要的航运文化地标。

# 青岛天后宫

青岛天后宫修建于明成化三年（1467 年），距今已经有 600 多年的历史，是青岛市区现存最古老的明清砖木结构建筑群、省级重点文物保护单位。现位于青岛市太平路 19 号，占地面积 4 000 平方米，建筑面积 1 500 平方米，为两进院落，有正殿、配殿、前后两厢、戏楼、钟鼓楼及其他附属建筑，共有殿宇 16 栋 80 余间。

青岛天后宫最初由“胡善士”捐地建成。初建时修建了三间正殿圣母殿，两间配殿即龙王殿和财神殿。明崇祯十七年（1644 年）进行了整修和扩建。清雍正四年（1726 年）雍正帝亲笔御书“神昭海表”赐予青岛天后宫。经明、清至民国数次大修，青岛天后宫成为地方“春秋致祭”地点，并逐步发展成为青岛民众举行重大集会和活动的场所，以及集妈祖文化、海洋文化与民俗文化于一体的文化景观。

# 胶海关旧址

胶海关旧址位于山东省青岛市市北区新疆路16号，原称“大清国胶海关”。1913年，该建筑由德国建筑师施特拉塞尔设计，德国汉堡施密特公司承建，总造价18万金马克，为岛城开埠之初山东地区唯一的海关机构。属于青岛在德占时期完成的最后一批公共建筑，曾为青岛现代化程度最高的办公建筑。1950年，胶海关改为青岛海关。

胶海关整体建筑呈南北“T”字形，南侧为入口，两附属建筑分别位于其东北、西北方向，建筑总面积为3 442平方米，主体建筑为4层，砖木结构。由于使用过程中未采取很好的保护措施，因此建筑整体失去了原有的历史特色与风貌。近年来，该建筑立足博物馆建筑定位进行修缮改造，并于2016年完工。

# 威海成山头灯塔

威海成山头灯塔是海关总工程师韩得善所建，砖石结构，于同治十三年（1874年）燃灯导航。该塔位于威海荣成县，矗立于山东半岛最东端成山头岬角，选址险峻，为黄海内湾入口要处。

成山头灯塔塔身由花岗岩砌成，塔高11米多，燃灯之初为定光灯，烛力7 000枝，光绪、民国年间屡次改装新式灯镜灯头，烛力一度提高到690 000枝。解放战争时期，灯塔遭破坏，1950年，交通部在原塔基础上重修灯塔，并一直用于沿海导航。20世纪末，成山头航标站对灯塔增高，塔身增至17.12米。

成山头灯塔不仅有主灯，还有辅灯，且几乎使用过所有灯塔导航信号工具，因此该灯塔不仅是当地的重要航运地标，也是近代中国灯塔史的缩影。

# 烟台东海关

烟台东海关为烟台海关的前身，在我国北方口岸和中华人民共和国海关史上具有非常重要的历史地位。东海关司署旧址位于烟台市芝罘区海关街6号，由其第一任税务司、英国人汉南（C. Hamnnen）主持修建。司署主体建筑为两层楼房，楼上为高级职员办公室。主楼西门南北各有四间平房，其中南侧平房为职工宿舍；主楼向西有拱形大门，门前有验货场及仓库、码头、货栈等。

1862年《中英天津条约》签订，烟台成为山东省最早的对外通商口岸。1863年3月，英国人汉南任东海关首任税务司，开始组建东海关税务司署，加强码头管理。其所建“海关码头”是烟台首座公用码头，而港口引水、检疫、往来各通商口岸间的商船、各种码头收费等均为东海关税务司掌管。光绪年间，东海关为加强港口、航运和码头贸易的集中管理，实施南北、东西码头岸路工程及防浪坝工程建设，对烟台港向近代港口演变具有重要意义。

1948年10月16日，烟台获得解放，海关主权回到人民手中，而东海关也成为中国共产党领导下的第一个人民海关。鉴于烟台东海关在历史上的重要地位，2006年，东海关税务司署旧址被评为全国重点文物保护单位。

# 烟台福建会馆

烟台福建会馆又称“天后行宫”，是清代福建籍商贾在烟台修建的集会联谊、祭祀海神的场所，是第四批全国重点文物保护单位。该会馆建于光绪十年（1884 年），光绪三十二年（1906 年）竣工，时称“鲁东第一工程”。1958 年，福建会馆被辟为烟台市博物馆，位于烟台市芝罘区南大街与胜利路交会处。

福建会馆为砖木结构，是北方罕见的具有闽南风格的封闭式古典寺院建筑。由当时旅烟的福建商贾在原籍募款，经泉州良工巧匠精心设计、选材并雕琢构件，通过海上船运至烟台组制而成。福建会馆坐南面北，沿中轴线作对称排列。当时为三进庭院，现存二进，由大门、戏楼、山门、大殿及东西廊庑组成，占地面积 3 288 余平万米，建筑面积 1 670 平方米。

整个福建会馆以精美的闽南雕刻而著称，且雕饰彩绘追繁写实，可谓有石皆刻，无木不雕，无雕刻不精巧。福建会馆具有独特的建筑风格、精湛的雕刻艺术、高超的文化品位，是山东沿海重要的海贸航运地标。

# 烟台崆峒岛灯塔

清同治六年（1867 年），烟台东海关在崆峒岛建成卢逊灯塔，不久改称烟台灯塔，为烟台境内的第一座灯塔。该灯塔最初由登莱青道提倡筹款建造，但最终建成，则深受海关总税务司赫德襄助。

崆峒岛灯塔为英国人福莱尔设计并监造，以东海关税务司卢逊命名。该灯塔最初采用反射定光灯，烛力为 1 000 枝。灯塔原来外饰红白二色横纹，塔高 7 米，由基座、塔身、灯位组成。塔东南为福莱尔及灯站工作人员住址，为砖木结构。1905 年，烟台山灯塔建成，崆峒岛的烟台灯塔改名为崆峒岛灯塔，后于战争期间被毁，并于 1955 年、1974 年、1997 年重建或改建。

崆峒岛灯塔在引导船只进出烟台、见证烟台港兴衰变迁的同时，也为附近海上经过船只提供了必要导向。

# 蓬莱古船博物馆



蓬莱古船博物馆位于山东省烟台市蓬莱阁景区内，2012 年 5 月 18 日正式对外开放。博物馆总建筑面积 7 276 平方米，分为昔日回眸厅、瑰宝再现厅、船业史话厅、互动体验厅等四个展厅。

博物馆陈列有四艘元、明时期的中、韩古船，是在发掘古船遗址上建设的专题性博物馆，也是目前国内为数不多展示外国古船的博物馆。博物馆设计结合古船展示和保护的特点，将博物馆主体基本埋于地下，地面仅保留绿坡和古船台展示场，根据考古研究复原的三艘古船，营造出战船停泊在海湾的景象。

古船馆主要突出“登州古港”和“蓬莱古船”两大主题。“出土古船”是博物馆的核心展示内容，“古登州港”和“古代造船史”是出土古船的两个重要的背景展示。其中，“古登州港”帮助观众了解出土古船与登州的关系，特别是登州在中国古代海上丝绸之路和海防中的地位和作用。“古代造船史”帮助观众了解出土古船在中国造船及航海史上的技术成就及其所处的地位、价值。

# 聊城土桥闸遗址

聊城土桥闸遗址位于聊城市东昌府区梁水镇土闸村，为京杭大运河的重要设施，目前尚可继续使用。该闸始建于明成化七年（1471 年），清乾隆二十三年（1758 年）拆修。

京杭大运河山东段全长约 675.97 千米，自北向南依次流经德州、聊城、泰安、济宁、枣庄五市，其中聊城段是大运河上会通河的重要组成部分。2010 年，山东省文物考古研究所、聊城市文物局、东昌府区文物管理所联合对聊城土桥闸遗址进行了全面的发掘。此次发掘确定了船闸的基本结构、建造和维修年代，且出土了近万件明清时期陶瓷残片及铁器、铜器、石器等文物，为明清时期相关器物的研究提供了丰富多彩的实物标本。2013 年，土桥闸遗址被公布为第七批全国重点文物保护单位。

聊城土桥闸的发掘，是京杭大运河山东段船闸的首次发掘，也是大运河上完整呈现的第一座船闸。对于研究大运河的水工设施、运河沿岸的物质文化，认识大运河在我国古代交流与沟通中的重要作用具有重要意义，也为京杭大运河申报世界文化遗产提供了一批新的重要资料。

# 聊城山陕会馆

聊城山陕会馆于清乾隆年间兴建，坐落于聊城东关外运河西岸，坐西朝东，背城面河而立，为山陕二省商人集资而建。建成后数次重修，如乾隆二十八年（1763年），会馆重修戏台，增建看楼。而规模最大、历史最久、耗资最巨的重修则是在嘉庆年间，新建春秋阁、飨亭和钟鼓楼，重修了大殿、南北二殿以及山门、戏台和看楼，经过此次整修，“庙貌焕然一新”。此后道光、咸丰、同治、光绪年间，山陕会馆又进行过数次修整。

山陕会馆的兴建，与聊城在运河运输中的地位密不可分。聊城位于山东西北部运河沿线，为东昌府治，清代前期是运河沿线的一个重要水陆转运码头。据称，清代各省商人在聊城建有山陕、江西、苏州、武林等八大会馆，但目前保留下来的只有山陕会馆。在现存会馆中，聊城山陕会馆以其精妙绝伦的雕刻与绘画艺术著称，被列为全国重点文物保护单位。

# 聊城中国运河文化博物馆

聊城中国运河文化博物馆是国内第一座以运河文化为主题的专题博物馆。该馆东临京杭大运河，西依东昌湖，2009 年 5 月 1 日正式免费开放。

博物馆建筑面积 1.6 万平方米，陈列面积 7 000 平方米。博物馆共五层，地下一层，地上四层，分陈列区、收藏区、研究和学术交流区三个功能分区。基本陈列为“运河文化陈列”与“聊城历史文物陈列”。“运河文化陈列”荣获首届“山东省博物馆纪念馆十大精品陈列”，“聊城历史文物陈列”荣获第二届“山东省博物馆纪念馆十大精品陈列”。

聊城中国运河文化博物馆现为全国科普教育基地、山东省爱国主义教育基地、山东省社会科学普及教育基地、四星级山东省科普教育基地、山东省德耀齐鲁道德示范基地、齐鲁文化特色新地标，已经成为全省乃至全国展示、研究运河文化的重要阵地。

# 菏泽古沉船遗址

菏泽古沉船遗址位于菏泽市开发区，占地面积约200平方米。该沉船遗址发现于2010年，山东省文物考古研究所和菏泽市文物处联合发掘。与山东省其他已发掘的沉船相比，菏泽古沉船保存最好，出土器物数量最多，是山东省首次发现的元代大型古沉船。

据考古发掘，沉船为一木质内河平底船，所用木材主要为柏木。船左侧已基本腐朽，右侧、底部及舵叶保存基本完好。船体残长21米，宽4.82米，高1.8米，除去船头、船尾和脚箱独立船舱外，共分为10个船舱，大小不等，根据出土遗物和有关专家推定，十个舱室功能有精确划分。沉船内及其周围共出土遗物110余件，有陶器、瓷器、铜器、铁器、金器、玉器、石器、漆器、木器和货币等，均属元代或元代以前的。根据出土遗物分析，此船沉没的年代应为元代。

此沉船是目前国内内河流域发现元代沉船中保存较完整的一艘，为研究元代造船工艺提供了珍贵的实物标本；同时，对于菏泽的漕运史、环境变迁等研究也有重要的意义。

# 第五章

# 江苏省

江苏省地处长江、淮河下游，东临黄海，海岸线绵长，温和湿润，雨量充沛，具有明显的季风气候特征。江苏辽阔的平原上分布着众多的湖泊和河流，水面面积占总面积的16.9%，经过疏浚联通，境内形成河川纵横、湖荡棋布的河渠网络：著名的湖泊有太湖、洪泽湖等，长江水系、太湖水系等天然水系汇聚于此，京杭大运河、苏北灌溉总渠等人工河道将各水系联接成完整的河道系统。

优越的自然条件和丰富的水运资源为江苏省航运发展提供了有利的环境，使得江苏成为中国航运活动的重镇。就港口而言，南京、镇江、扬州、太仓、连云港等地在历史和当下均扮演着区域性或全国性航运枢纽的角色。发达的内河航运与繁荣的市镇经济相辅相成。这些位于运河、长江、沿海之地的港口，在特定历史时期内逐渐成为物资集散中心和内外贸港口，商贾云集，番舶如织。就航线论，扬州、张家港、太仓等港口，唐代就开辟了到达朝鲜半岛、日本列岛及东南亚的商贸航线。航运业的发展与造船修造业的发展互促互进。唐代扬州、平江（今苏州）、建康（今南京）、楚州（今淮安）均是著名的造船基地。元、明时期，江苏的航运业总体发展较好，此期重要的航运事件多发生在该区域内。如元代为解决漕粮运输问题，开辟漕粮海运。明初，郑和七下西洋，中国航海事业达到顶峰，江苏境内的南京、太仓等港口，成为重要的航海造船基地、起锚港口。清朝前半期，江苏航运业取得了持续发展。鸦片战争后国门洞开，外国轮船航运业在不平等条约加持下陆续进入江苏内河流域，中国传统木船航运业受到较大冲击。受外国轮船航运业刺激，江苏境内内河及沿江、沿海航线上陆续出现民族轮船航运业。同时，规模较大的中外航运企业陆续在江苏境内，或开辟航线，或设立分公司。

中华人民共和国成立后，江苏建立起航运管理机构，采取各种措施，重点组织航道疏浚，打捞沉船，恢复航线。改革开放后，江苏为发展航运，全面加强了港口基础设施建设，相继开辟了南京新生圩、镇江大港、张家港等新港区，江苏港口逐渐由沿海向沿江区域拓展。21世纪以来，江苏全省初步形成“东部达海、中部连江、苏南成网”航道网络，苏州港、南京港、南通港、连云港港等先后成为亿吨大港。全省的航运经济发展迅速，大运河文化、长江文化、航海文化等航运文化繁荣，共同书写了新时期江苏港航事业的新篇章。

# 龙江船厂遗址

龙江船厂遗址位于今南京市江东中保村附近，地处南京市上保、中保新华船厂和三汊河南街一带，是明朝永乐年间为建造郑和下西洋所需庞大海船而设置的重要海船建造基地。

遗址原有七个船作（即造船之所，又称为塘）和两座船坞（纳船之所）。船作平均长 500 米，宽 40 米，皆为东西走向，与长江的夹江相通，目前遗存有三处。20 世纪 50 年代以来，遗址上陆续出土过不少船舶构件、船舶属具、造船工具及造船材料等。2005 年，南京市博物馆对六作塘进行全面发掘，出土了大量造船遗物。郑和下西洋的海船，类型多样，除在南京制作外，其他船舶在江苏太仓、福建长乐及浙江、湖南、江西等地船厂生产。时至今日，除南京龙江船厂外，其余船厂均无迹可寻。2005 年，为纪念郑和下西洋 600 周年，南京市对龙江船厂遗址进行保护性开发，建成了宝船厂遗址公园。该遗址 2006 年被列为全国重点文物保护单位。

# 静海寺

静海寺位于南京下关仪凤门外狮子山北麓，该寺最初是为郑和下西洋而建。明成祖于永乐九年（1411 年）为郑和敕建了寺庙，后赐额“静海”，取“四海平静”之意。静海寺初建时占地约 30 亩，东至天妃宫，西临城河，南至官街，北接城河，寺内庙宇壮观，规模宏大。其后寺区收缩，清道光十二年（1832 年）寺庙遭火焚毁，后重建。清咸丰年间及 1937 年侵华日军进入南京时，又惨遭兵火毁坏。第一次鸦片战争后，静海寺成为清政府与英国签订中国近代史上第一个不平等条约——《南京条约》的签约地。

1985 年，静海寺被列为南京市级文物保护单位。1988 年纪念鸦片战争 150 周年前夕，南京市和下关区文物管理部门对该寺进行修缮，并设有《南京条约》史料陈列馆和郑和下西洋史料陈列馆。1997 年，为配合精神文明建设和爱国主义教育需要，江苏省、南京市、下关区对该寺又进行扩建。扩建后的静海寺，作为爱国主义教育基地，分设条约陈列室、警世钟与青铜“史鉴”、碑廊、英国军舰“康华丽”号模型、牌楼、露陈墩（该墩系英法联军火烧圆明园时劫夺运至南京，原拟运往英国，后因太过沉重，弃置南京下关江边）等。作为明朝纪念和弘扬郑和下西洋业绩的重要历史遗存，静海寺也是南京航海（航运）文化的重要标志地。

# 南京天妃宫

南京天妃宫位于南京市鼓楼区下关狮子山麓，原是明成祖朱棣为感谢妈祖护佑郑和下西洋航海平安而敕建，后被毁重建。

南京天妃宫建于明永乐五年（1407 年），是郑和第一次下西洋回国之后，以海上平安为天妃神灵感应所致，奏报朝廷，明成祖赐建“龙江天妃宫”，于永乐十四年（1416 年）立“御制弘仁普济天妃宫之碑”，并亲自撰写碑文。该碑位于今南京原下关区狮子山西南麓仪凤门外。天妃宫建成之初，成为当时全国妈祖庙中规格最高、规模最大、影响最广的建筑群。1937 年，天妃宫全部毁于侵华日军炮轰，仅存“御制弘仁普济天妃宫之碑”。

为纪念郑和下西洋 600 周年，南京市从 2004 年 7 月至 2005 年 4 月在原下关区兴中门外狮子山麓，建宁路旁修建了现今的南京天妃宫。新修天妃宫依照明代寺院建筑形制、造型特征而建，正门朝南，侧门朝西。从正门进入以平安钟为轴点，西轴线设有弘仁普济天妃宫大殿、玉皇阁及两侧配殿，东轴线设有观音阁、碑亭及两侧配殿。

# 南京长江大桥

南京长江大桥位于南京市鼓楼区和浦口区之间，是长江上第一座由中国自行设计和建造的双层铁路、公路两用桥梁。它不仅是中国东部地区交通的关键节点，也是沟通南京江北新区和江南主城的重要通道，连接国家南北交通的要津。

沪宁铁路与津浦铁路虽分别于 1908 年、1912 年通车，但此两条铁路因为长江天堑不能联通，江北浦口和江南下关只能靠轮渡运输。1956 年，国务院批准铁道部对南京长江大桥进行勘测设计；1958 年，铁道部会同有关部门形成了建桥三原则（采用宝塔桥桥址方案；按公路、铁路两用桥设计，桥下通航万吨海轮；适当考虑城市规划及美观）。适值中苏关系破裂，外援成为泡影。铁道部会同国内有关力量自力更生，共同攻关相关难题。在克服重重艰难险阻后，1968 年 9 月 30 日，大桥建成通车。

南京长江大桥在中国桥梁史和世界桥梁史上具有重要意义，它不仅是中国桥梁建设的重要里程碑，也是 20 世纪 60 年代中国经济建设的重要成就之一。

# 镇江西津渡

古代镇江是沟通长江南北的要冲，其境内的西津渡是历史上重要的军事要地和交通要津。西津渡位于江苏镇江市古城西边，云台山下长江之滨，与对岸瓜洲渡口相对应。唐代以降，长江南岸的西津渡与北岸瓜洲渡口成为连接南北的重要津梁。

西津渡历史悠久。春秋、战国时期为吴、楚通津的渡口；三国至唐代称为“蒜山渡”；唐代时江宁属于润州管辖，其时润州也称金陵，因此也称“金陵渡”。唐天宝元年，润州改丹阳郡，此处又称“丹阳古渡”。晚唐时期始有西津渡之名，概因地处镇江城西边，故称“西津渡”。自清朝中叶起，长江镇江段不断南淤北坍，西津渡渡口不断北移，至20世纪80年代仍在发挥作用。

目前，西津古渡口保存有西津渡古街、英国领事馆旧址、救生会、昭关石塔、观音渡等历史遗迹，为当地重要航运文化地标。

# 中国漕运博物馆

中国漕运博物馆位于江苏淮安。淮安处于京杭大运河畔，历史上漕粮北运、淮盐南运均经过淮安地区。自隋朝始，朝廷即在淮安设置漕运总督公署，用以督促漕运事务。漕运总督公署是朝廷管理漕运事务的派出机关，总督由勋爵大臣担任。总督不但管理漕务，还兼理巡抚。公署机构庞大，下设仓储机构、造船厂等。2002 年，江苏文物考古相关部门发掘了漕运总督部院遗址。该遗址被江苏省政府公布为第五批省级文物保护单位。为展示和研究中国漕运历史，政府在原遗址建设漕运广场的基础上新建一座中国漕运博物馆，这是国内反映漕运文化主题的大型专题博物馆。

中国漕运博物馆于 2008 年开工建设，建筑面积 7 680 平方米，分地上主体两层，地下一层。整体呈“品”字型布局，采取明、清时期建筑风格。共有四个展厅，包括历史厅、运河厅、淮安厅、文物厅。

# 张家港黄泗浦遗址

黄泗浦遗址位于张家港市杨舍镇庆安村与塘桥镇滩里村交界处，面积约 2 平方公里。目前探出三处遗址密集区，涉及水系、港口、寺庙等内容，是一处典型的唐、宋港口遗址。

张家港境内的黄泗浦是古代太湖向北入海的一条重要水道，两晋、南北朝时期，黄泗浦与古代长江入海口在交汇处逐步形成港口，至唐代已发展为苏州境内颇具规模的海港。中、晚唐时期，苏州丝绸主要经过黄泗浦港对外贸易。日本遣唐使团常往返于黄泗浦港，先在此停靠海舶，再换河船，至扬州，进而抵达长安；返回日本时，常循原路返回至黄泗浦港，再乘船出海。北宋时期，黄泗浦有两次明确的疏浚记录。元代，黄泗浦港因漕粮海运仍然繁荣。明代，因长江主干道开始北移，黄泗浦所在的长江南岸慢慢涨出沙洲，其长江出海口的功能逐渐丧失。

黄泗浦遗址 2012 年入选江苏省十大遗址，2013 年被国务院评定为第七批全国重点文物保护单位，并于 2015 年 5 月经江苏省文物局审核为“海上丝绸之路”申遗点位。该遗址为中外文化交流、陆路和海运交通线路及海岸线变迁提供了一批新的考古资料。

# 太仓海运仓遗址

太仓海运仓遗址位于太仓市城厢镇南郊、新浏河南岸、盐铁塘东侧。作为一处重要的古代国家仓储机构，海运仓创建于元代，扩充于明代，主要贮存从江南各地征集的漕粮，通过海运转往大都（北京）及辽东以备军需。明弘治十年仓基改为校场，后荒废。

元、明时期，位于长江出海口的太仓与漕粮海运及郑和下西洋活动关系密切，成为当时重要的沿海港口。元、明政府在太仓设置过各类港口航运设施及管理机构，位于太仓南郊古娄江北岸海运仓即为其中之一。历史上海运仓又称“南仓”“百万仓”。

作为元、明时期漕粮海运的重要见证，海运仓遗址是2008年第三次全国文物普查的重要发现。2013年5月，被国务院核定为第七批全国重点文物保护单位。

# 浏河天妃宫

浏河天妃宫位于太仓市浏河镇新东街90号，又名“天妃灵慈宫”，俗称“娘娘庙”。始建于宋宣和五年，早先由旅居娄江口的闽、粤海商于浏河口北岸五杨池（龙王湾）所建，时称“灵济宫”。现有建筑主要由前殿（山门）、正殿遗址（复原）、后殿、配殿（原城隍庙）、碑廊、六角亭、廊庑等组成，其中后殿和廊庑为原存建筑物。

明代永乐初年，郑和船队在太仓刘家港（位于今浏河镇附近）集结出海，曾先后三次对天妃宫进行大规模扩建兴修。郑和下西洋从刘家港起锚前，均会在此祈求航海平安，七下西洋结束后并在此亲立“通番事迹碑”。清代至民国，天妃宫历经来自官方与民间力量的修葺。中华人民共和国成立后，尤其在20世纪80年代以来伴随郑和下西洋相关纪念活动，政府多次对天妃宫古迹进行修复、扩建，并于1985年在天妃宫建筑群内设置郑和纪念馆。2005年纪念郑和下西洋600周年，天妃宫（郑和纪念馆）再次大规模修建，同时成为国家重点文物保护单位。

作为太仓境内一项重要的航海历史遗迹，浏河天妃宫见证了太仓在社会政治、经济、军事与宗教文化等方面的历史变迁，以及太仓以港兴市的历史发展轨迹。它是妈祖信仰北传的重要历史场所，也是明代郑和下西洋的重要历史遗迹。

# 连云港船型岩画

连云港船型岩画位于连云港市刘志洲山和大伊山区域，它是古代连云港沿海民众以航海、船舶等生产生活方式为主题创作的重要艺术作品。

连云港船型岩画由刘志洲山船画和大伊山船画两部分组成。刘志洲山宋金船画石刻有 7 处，刻船 20 艘，船的尺寸在 30—300 厘米之间。另外刘志洲山北坡还有当年留下的“招信军”“招信前部”“安淮军”及人物、动物、建筑、钟形画像等众多石刻。大伊山宋代船画石刻共有 5 处，主要描绘宋代各式船的造型，用写实的雕刻方法描绘出船身、平衡舵、桅杆、桨、帆等船的构造，真实地再现了当时船的特征。

连云港船型岩画的产生与当时特定的海洋环境密不可分。从秦、汉至唐、宋，连云港的刘志洲山、大伊山都是天然的海港，具备停泊当时的大型船只的能力，是往来船只躲避风浪的优良港口。岩画的发现，印证了该地丰厚的海洋历史文化，也留下了过往航运的辉煌轨迹。

# 连云港东连岛东海琅琊郡界域刻石

东海琅琊郡界域刻石位于连云港市东连岛，它是目前发现的最早以石质为载体划分海域权属的实物标志。

东连岛东海琅琊郡界域刻石于公元十二年农历三月初一，由徐州牧所负责书写与刻造。两侧刻石刻面面向均为0度，且两点成一线，正可作为划分界域的界线。该界域刻石是我国东汉时期伸张海域控制权、裁定海洋利益的历史遗存，是世界上迄今为止所发现最早的海疆界域刻石。两刻石皆面海而立，因长期风化等自然原因，与临海面北山坡的母岩体相分离。2013年，该刻石入选全国第七批文物保护单位。

# 第六章

# 上海市

上海位于我国南北海岸线中点、长江出海口，北濒长江，南临杭州湾，交通条件优越，腹地资源丰富。历史上，伴随海岸线向东推进，上海地区港口经历了从西向东的变迁。

唐天宝十年（公元 751 年），朝廷在上海地区设置华亭县。华亭县下辖青龙镇踞江瞰海，航运条件优越。北宋时期，往来于此的船只络绎不绝，贸易繁盛。南宋末年，由于吴淞江淤浅，航道堵塞，青龙港由盛而衰，上海地区的航运重心向东迁移。伴随南宋咸淳年间市舶提举司在上海设立，上海镇逐渐成形，并且依托港口优势迅速发展。到了元代初年，上海镇依托传统的丝绸、棉花等产业，以及新兴的沙船漕运，航运贸易迅速发展，成为海舶辐辏、商贾云集的港口，被时人称为“小苏州”。明朝初年，户部尚书夏原吉到江南治水，疏浚了吴淞江支流黄浦江下游的范家浜等河道，江浦合流，形成一条新的黄浦江水道，为后来上海港的崛起奠定了基础。明代中期直至开埠前，上海港码头集聚在十六铺至南码头一带，以沙船为代表的航运贸易为城市奠定了商业基础。

第一次鸦片战争后，上海被列入五口通商城市。1843 年 11 月 17 日上海开埠，客观上拉开了沿江沿海航运的近代化序幕。由于特殊的地理位置，上海形成了包括内河、长江航运、南北沿海等比较齐全的航线；加之地处太平洋西环航线要冲，上海同西欧、北美等主要港口距离几乎相同，外洋贸易发展尤为迅速。开埠十年，上海对外贸易总值翻了数倍。1853 年，上海取代了广州，成为中国的对外贸易中心。基于近代航运、贸易的驱动发展，上海不仅完成了从江南滨海县城向现代国际都会的城市转型，而且在中国近现代航运史上留下了独特的发展轨迹。

1949 年中华人民共和国成立后，经过几十年的发展，上海港跻身于世界大港行列。为全面提升我国参与世界竞争的综合实力，实现城市功能创新转型，党中央、国务院于 1995 年做出了建设上海国际航运中心的重要决策，于 1996 年正式启动了上海国际航运中心建设。经过多年的努力，上海国际航运中心建设已取得显著成果。伴随核心工程——洋山深水港的建成开港和洋山保税港区的设立，一体两翼、合作多赢的港口格局逐步形成，全球规模最大的自动化集装箱码头初展雄姿。

# 青龙镇遗址

青龙镇是唐、宋时期上海地区的港口与对外贸易重镇。该镇坐落于当时吴淞江与东海之间的沪渎上，地处南北海路交通要冲。境内河网密布、支流贯通，河运四通八达，与吴淞江相通的青龙江是海船停泊的理想港口。

青龙镇的航运贸易始于唐代，兴盛于北宋，往来青龙港的船只远达日本、新罗。北宋熙宁十年（1077 年），青龙镇的贸易税收列居全国第二。北宋政和三年（1113 年），朝廷在此设立市舶司。贸易兴盛促进了市镇文化繁荣。北宋诗人梅尧臣在诗文中记载青龙镇“三亭、七塔、十三寺、二十二桥、三十六坊”，因此青龙镇素有“东南巨镇”的盛名。南宋末年，由于吴淞江淤塞、航运重心的东移，青龙镇由盛而衰，逐渐为上海镇所取代。

自 2010 年 11 月至 2016 年 10 月，上海博物馆对青龙镇遗址进行了三次考古发掘。考古发掘发现了唐、宋时期的佛塔塔基、铸造作坊、水晶、灰炕、墓葬、炉灶等多种遗迹，反映了唐、宋时期青龙镇贸易兴盛、人文荟萃的情形，对研究这一时期的航运经济、社会生活等具有重要价值。

# 泖塔

泖塔位于上海青浦泖河岸边，是上海地区历史悠久的人工航标。据史载，唐乾符年间（874—879年）僧人如海在青浦泖河中心的沙洲上建造了泖塔，每晚在塔顶悬灯。当时，泖河是上海地区的入海口，为水上运输要道。船只南来北往，贸易繁盛。据《青浦县志》载，“其泖湖广阔，来往船只均以泖塔为标志辨别方向而航行，夜间以塔上悬灯指示航道”。南宋末年，因泥沙淤积、河道变迁，泖塔结束了航标使命。当地人对泖塔仍然奉若神明，爱护有加。历经数千年的历史风雨，泖塔至今保存完好。其塔基坚固，结构谨严；塔身为方形，砖木结构，共五层，为典型的唐塔建筑风格。泖塔自建成后，历代文人墨客到此游览题联，为木塔增添浓郁的人文底蕴。

作为我国历史上较早的人工航标之一，泖塔为当时的航运保障发挥了重要作用，体现了我国古代航标发展的成就与智慧，具有重要的物质文化遗产价值。1997年，经国际航标协会理事会讨论批准，泖塔与温州江心屿双塔、大连老铁山灯塔、浙江花鸟山灯塔、海南临高灯塔等中国五座灯塔被评为被世界航标遗产，跻身世界百座历史灯塔名册。

# 宝山烽堠碑

宝山烽堠碑也称中国航运第一御碑，是迄今国内发现最早的由皇帝为航运撰文的石碑。明朝永乐年间，上海地区高桥镇航运繁盛。这里既是太仓刘家港漕粮运送的必经航道，也是郑和下西洋船队必经的入海口。由于该地区附近没有辨别方向的导航标志，往来船只航行危险重重。永乐十年（1412 年），负责漕运的总兵陈瑄向朝廷奏请在清浦（今高桥）镇旱寨沿江平地垒筑土山、建造烽堠，作为长江口来往船舶的航标。明成祖朱棣准奏。陈瑄调派官兵，仅用十天就建成了土山，并在山上筑烽堠，“昼则举烟，夜间明火”，为往来的船只提供导航标志，保障了长江口航行安全。

朱棣亲自撰文，赐名“宝山”，并勒石立碑。该碑为青石石质，通高 160 厘米，碑额 48 厘米，碑身 112 厘米，宽 97 厘米，厚 30 厘米。碑额正中用小篆文书“御制”两字。碑文共 351 字，楷书，阴刻，对陈瑄筑山建堠作了详细记录。

建造宝山烽堠碑的时期，正值明代郑和七下西洋。此后郑和的航海图中标注出“明宝山烽堠”，为航海出发导航。因此，宝山烽堠碑不仅是上海地区航运历史的重要史迹，而且为郑和下西洋研究提供了珍贵物证。

# 商船会馆

商船会馆是上海地区最早设立的行业性会馆。元朝初年，新兴的沙船航运承担了朝廷海运漕粮的任务，上海地区的航运贸易迅速发展。活跃在上海至北方沿海航线上的沙船承担了南北货物的运载。清代前期，上海汇集了大约3 500—3 600艘沙船，被称为沙船之乡。沙船航运贸易的繁荣为上海城镇经济发展奠定了基础，也催生了沙船行业组织的诞生。

康熙五十四年（1715年），沙船业主集资，在小南门外马江厂北兴建了商船会馆，对上海的沙船航运实行管理。建造之初，商船会馆占地约20亩，由大殿、戏台、议事厅等组成。会馆大殿供奉天后圣母，每年祭祀天妃的活动就在这里举行。自初建后，沙船业主们对商船会馆进行多次修葺扩建。乾隆二十九年（1764年），商船会馆“添造南北两厅”；嘉庆十九年（1814年），无锡、崇明的沙船同行增建两面看楼；道光二十四年（1844年），众号商增建拜厅、钟鼓楼、后厅内台等。当时商船会馆的建筑“盖极缔造至巨观矣”，名列沪上公馆会所之首。大规模修建为商船会馆带来了“会馆事务，悉归号商经理”的局面。进入20世纪后，在国内外轮船业的竞争下，传统航运业面临冲击，商船会馆生存空间愈加狭小。1907年商船会馆附设商船小学，在上海留下了一条名为“会馆街”的路名。

目前，作为上海地区沙船航运的重要遗存，商船会馆尚待修旧如旧、得到更好的保护，以传承上海城市历史中的沙船航运文化。

# 下海庙

下海庙俗称“夏海庙”，也叫“义王庙”。位于上海市虹口区提篮桥地区，因地处下海浦（今海门路）而得名。

根据史志，该庙始建于清代乾隆年间，初建时占地一亩，共九间屋。嘉庆年间荒坍后重修，经咸丰、光绪年间扩建，共建成前殿20余间屋，后又增建后殿十余间。由于下海浦位于长江入海口、黄浦江之滨，当地渔民、船民崇拜护海神妈祖，因此将天妃娘娘及其他地方神一起奉祀在庙中。下海庙成为当地人们出海祭拜、祈求平安的地方。船民商客进庙烧香，常常提着篮子经过一座木桥，这一带故名“提篮桥”。抗日战争初期，下海庙遭日军炮火轰击，全部焚毁。1941年起重新修建，至解放后基本保持原有规模。

现在的下海庙建筑面积约1 800平方米，由前殿、后殿和东殿构成，环境幽雅，装饰精美。这里不仅是上海地区佛教活动的重要场所，更因承载着上海老城厢的航海记忆而闻名。

# 三山会馆

三山会馆始建于清宣统元年（1909 年），由旅沪福建水果商人集资兴建。“三山”是福州的别称。

清代，伴随海运贸易，福州的果橘商人云集上海。早在同治初年，他们在小南门外里仓桥租用民房成立“三山公所”。开埠以后，上海租界人口迅速发展，福州果橘商人向租界转移，兴建了三山会馆，形成了福州果橘业的同乡同业团体。三山会馆是上海地区现存最完整的会馆建筑。其主体建筑占地 1 000 平方米，由门头、大殿、戏台、看楼、园林、亭台等构成，融中国传统建筑、福建地方建筑以及西方建筑特征于一体，其殿宇宏丽，戏台藻井精致，四周建有很高的红砖围墙。由于妈祖是福建商客的重要信仰，三山会馆的另一个职能是祭祀湄洲天后。大厅门楣上镌“天后宫”额，大殿中供奉湄洲妈祖天后像。三山会馆也被称为“天后宫”。1927 年，三山会馆成为上海工人第三次武装起义工人纠察队沪南总指挥部，蕴含了上海的红色记忆。1986 年因市政工程建设，三山会馆南移 30 米。1989 年 9 月 26 日移建竣工对外开放。

承载着晚清旅沪闽商的贸易历史，见证了上海移民城市经济与多元文化，三山会馆被列入 2010 年上海世博会的规划范围。古建旁新建的会馆史陈列馆赋予三山会馆新的活力，使其成为展示上海都市文化的窗口。

# 天妃宫

上海地区的天妃宫前身为建于南宋咸淳七年（1271 年）的顺济庙，由旅沪福建商人集资在上海镇东北部建造而成，其主建筑为丹凤楼。

宋代，海上航运贸易繁盛，商人往来于沿海地区，促进了上海地区天后信仰的盛行。当时担任市舶司的福州人陈珩题写“丹凤楼”匾。明嘉靖二十三年（1553 年），为防倭寇，上海筑城墙。顺济庙因位于筑城的位置而被拆迁。倭寇平息后，上海名绅提议在原顺济庙所在的城墙上重建。伴随朝廷对妈祖的加封，庙相继改称为“天妃宫”“天后宫”。天妃宫的主楼仍然为丹凤楼，是远眺上海景观的制高点。清代，伴随上海地区沙船航运业的繁盛，上海人祭祀天后活动的规模盛大，常以羊、猪全牲以及鸡、鱼之类祭祀，颇为隆重。1853 年，“小刀会起义”爆发，天后宫被摧毁，上海祭天后的活动基本结束。光绪五年（1879 年），在出任俄国公使崇原的奏请下，于今苏州河河南路桥北堍处又建造天妃宫。此后，经上海出国的中国驻外国公使们都会在登船前祭拜天后。解放后，天妃宫成为了道观。1982 年，由于河南北路道路扩建，上海市文管会将天妃宫大殿移建到松江方塔公园内，恢复其古建风貌。

从丹凤楼到方塔公园，上海的天妃宫历经变迁，但始终承载着上海地区帆船航运贸易的历史，成为人们追忆上海老城厢记忆的重要遗存。

# 海关大楼

海关大楼是晚清江海关的办公大楼，建于1925年，于1927年底落成。

1843年开埠后，上海发展成为中国最大的港口以及对外贸易中心。早在1843年，上海洋泾浜以北设立的西洋商船盘验所为江海关前身，履行贸易征税、船只检验等职能。1853年“小刀会起义”对上海的政治经济带来冲击，也使得江海关的纳税工作陷入停顿，西人窃取了中国海关权。在西人帮办税务的时代背景下，在20世纪初外滩洋行掀起的兴建新大楼热潮中，江海关也重建新楼。新的海关大楼雄伟挺拔，融合了欧洲古典主义和文艺复兴时期建筑的特点。整栋大楼以钟楼为轴线，分为东西两部分。大楼正门为古希腊神庙形式，入口大厅藻井是彩色马赛克拼接的历代帆船海事图案。海关大楼以钟楼而闻名。钟楼有10层楼高，钟面由100多块乳白色钢化玻璃拼接而成。江海关大钟与英国大本钟结构相同，由同一制造商所造。

中国近代海关由西人担任税务司，特别是在第三任总税务司赫德长达48年的任期期间，引进了西方税务管理的模式，在近代中国航运、贸易、邮政、外交、文化等众多领域发挥了作用，具有深远影响。矗立在外滩江畔的江海关大楼，见证了近代中国对外贸易的发展历程，承载了开埠后上海百年航运记忆，是闻名中外的上海地标建筑。

# 吴淞口灯塔

吴淞口灯塔位于黄浦江与长江汇流处，清末、民国时期为固定灯桩，1988 年改名为吴淞口灯塔，1998—1999 年改造重建为一座白色圆柱形钢筋混凝土灯塔。

吴淞口灯塔所处的吴淞口导堤堤头，是船舶进出黄浦江的必经通道，地理位置非常重要。

19 世纪中叶，随着轮船航运业兴起，黄浦江航道逐渐变浅。为扩宽航道，便于轮船进出港口，西方列强迫使清政府治理黄浦江航道。在如此背景下，吴淞江左导堤工程于 1907 年开工，1910 年建成。该工程在终端设置趸船，并于 1928 年设置了河塘灯桩用以导航，即吴淞口灯塔的前身。早年的灯桩受潮汐影响较大，涨潮时常被淹没，影响船舶航行安全。中华人民共和国成立后，直至 1998 年，交通部批准开工建设新型吴淞江灯塔，由上海水利工程院负责设计，1999 年建成投入使用。

新建的吴淞口灯塔，塔高 20.1 米，灯高 17.4 米，射程可达 13 海里，备灯射程 7 海里，装有雷达应答器，是一座无人值守的灯塔，为提升周边水域船舶的航行安全发挥了重要作用。在国家邮政局发行的一套四枚“现代灯塔”特种邮票中，吴淞口灯塔榜上有名，被誉为“长江口的明灯”“上海港的门户”。

# 吴淞口水位钟

吴淞口水位钟旧时亦称“吴淞炮台湾潮汐指示仪”，其所在的吴淞水文站初建于1912年。

作为历史上的战略要塞，吴淞口是上海通向长江口与海域的咽喉。船舶进出长江口、上海港，其航行安全离不开吴淞江水文站的水位指引。早在清朝光绪年间，根据长期的水位观测记录，由江海关巡工司制定了比实测最低水位略低的高程作为水尺零点，并正式确定为“吴淞零时”。1914年，水文站投入使用两年后，江海关组织人员编制长江口、黄浦江天文潮预报方案，并于1932年安装了“圆盘潮汐指示仪”。该指示仪具备记录与显示双重功能，为进出黄浦江的船只提供实时水位，保障了船只航行安全。伴随时间推移、年久失修，早年的吴淞口水位钟遭遇台风而损毁。1983年，经交通部批准重建。如今的吴淞口水位钟为方形大钟，由电子水位计、控制主机、驱动器和显示器等构成，为进出港船只提供助航信息，在航运、水工、环保等领域发挥重要作用。

吴淞口水位钟是吴淞口的标志性建筑，记录了上海百年航运的发展轨迹，是上海近代航运文化的重要标志。

# 黄浦公园水文站

黄浦公园水文站坐落在外滩黄浦江西岸、苏州河南侧约100米处，始建于1912年，是上海港最早设立的两个水文站之一，至今已有一百多年历史。现今的水文站于2007年建成，建筑风格与外滩景观一致，是海事航保开展水文观测的重要基地和对外交流的文明窗口。站内设有导波雷达水位计与不锈钢水尺等验潮设备、风速风向仪与能见度测量仪等气象观测设备以及视频监控设备，是一座高标准建设的水文观测站。

百年来，黄浦公园水文站以其独特的地理位置、先进的观测技术、可靠的观测资料为黄浦江通航安全管理、防台防汛决策、堤防规划设计提供了重要的数据参考。早在1927年即采用“八年零一天”周期法预报该站潮位，为黄浦江通航提供参考。1968年采用60分潮电算调和法进行潮汐预报成功，使得该站的潮位与潮流预报一举达到高精度高速度预报水平，在当时的国内堪称领先。1980年代以来，随着市区地面沉降、黄浦江涉水工程建设和全球气候异常影响，黄浦江水位一再突破历史纪录，黄浦公园水文站在上海港防台防汛决策中的地位愈加突出，上海市历任领导均曾亲临黄浦公园水文站视察汛情，指挥防洪抢险。进入新世纪，黄浦公园水文站已实现远程遥测遥报及数据采集、存储、处理、发布的信息化实时化，为黄浦江航运和防洪安全提供了更便捷、更高效的服务。

# 江南造船厂旧址

江南造船厂被称为“中国第一厂”，其前身是创建于 1865 年的江南制造总局。

19 世纪 60 年代，为“追求自强，以御国侮”，洋务派在沿海地区和内陆地区设厂造船、兴办军事工业。1865 年李鸿章收购了由美商在当时上海虹口创办的旗记铁厂，并入清政府原有的两个洋炮局，并安装从国外购置的机器，建成了江南制造局。晚清江南制造局以制造军工兵器炮舰为使命，成为中国军工、造船、机械和化工等领域的先行者；同时承担了大量西方科技知识的翻译传播，成为中国近代科技启蒙的开拓者。

在一百多年的历程中，江南制造局从江南船坞、海军江南造船所发展为新中国的江南造船厂、江南造船（集团）公司，一路走来，始终引领我国的船舶和军工企业。江南造船厂为我国制造出第一艘潜艇、第一艘护卫舰、第一台万吨水压机、第一艘国产万吨轮、第一代航天测量船等，创造了近百个“中国第一”。2010 年世博会前，江南造船厂从高昌庙厂址迁移至长兴岛崭新的造船基地，继续书写 21 世纪中国船舶工业和国防现代化事业新篇章。

# 轮船招商总局大楼

轮船招商总局大楼位于中山东一路9号，是晚清最早设立的官督商办轮船航运企业——轮船招商局的办公大楼。

19世纪两次鸦片战争后，中国国门洞开，沿海、长江流域城市被辟为通商口岸。伴随外轮出入、航线开辟，西方人纷纷在中国设立了轮船航运公司，中国江海航运权逐渐为西人垄断。为保护民族航运权，民族航运公司应运而生。轮船招商局于1872年成立。创办初期，轮船招商局的业务主要为承运漕粮，兼揽商货。1872年11月，轮船招商局第一艘轮船“伊敦”轮满载货物，由上海驶往福州、汕头，开辟了中国第一条近海商业航线。轮船招商局是上海第一家中国资本的轮船公司，总局设在上海，分局设于天津、汉口、广州、香港以及横滨、新加坡等19处，揽载各地货运业务，先后开辟了近代民族航运的近海航线、长江航线以及国际航线，与当时的英、美航运公司展开激烈竞争。1877年，轮船招商局收购了美国旗昌公司。后来轮船招商局在与英商太古、怡和等公司多次谈判中，订立了齐价合同，为振兴民族航运、促进民族造船发展做出了杰出的贡献，在中国民族航运史上具有特殊的意义。

轮船招商总局大楼建成于1901年，仿文艺复兴式三层砖木建筑。历尽百年沧桑，该建筑正门门楣上当年镌刻的“轮船招商局”五个大字依稀可见，折射着近代民族航运业奋然崛起的发展历程，对于研究轮船招商局历史、中国近代航运历史具有重要价值。

# 上海海事大学

上海海事大学是一所以航运、物流、海洋为特色，具有工学、管理学、经济学、法学、文学和理学等学科门类的多科性大学。中国高等航海教育发轫于上海。1909 年晚清邮传部尚书盛宣怀鉴于“商业振兴，必借航业，航业发达，端赖人才”的思想，在上海高等实业学堂（南洋公学）的路电、土木工程专业外，增设了船政科，开创了我国高等航海教育的先河。1912 年，鉴于航海专业与一般工程专业性质有别，该校监督唐文治奏准将航政科分出，另设专校，创建了中国最早的航海高等学校——邮传部高等商船学堂（即吴淞商船专科学校前身），校址位于上海吴淞口。1933 年更名为吴淞商船专科学校。1959 年交通部在沪组建上海海运学院。2004 年经教育部批准更名为上海海事大学。为更好地服务上海国际航运中心建设和国家航运事业发展，根据上海市高校布局结构调整规划，2008 年上海海事大学整体搬迁临港新城。

百年积淀，素有“中国航海家摇篮”之誉的上海海事大学成为我国航运事业人才培养和科技服务的重要基地。2008 年，上海市教育委员会、上海市城乡建设和交通委员会、上海海事大学、虹口区人民政府等 20 多家单位共同发起成立上海国际航运研究中心。上海海事大学为中心挂靠单位，为政府和国内外企业与航运机构提供决策咨询和信息服务，在服务“一带一路”、海洋强国、长江经济带等发展战略中发挥着越来越重要的作用。

# 洋山深水港

洋山深水港是上海国际航运中心的集装箱深水枢纽港区，也是世界上最大的海岛型深水人工港。

建设上海国际航运中心是在建设21世纪海洋强国的背景下，国家作出的重大战略决策。洋山深水港是上海代表国家参与国际竞争的核心工程，历经三易选址、百多人次院士献计、全方位科学论证而建。港区位于浙江省嵊泗崎岖列岛海区，西北距上海芦潮港约32公里，距国际远洋航道约104公里，航道水深16米以上。港区规划总面积超过25平方公里，包括东、西、南、北四个港区，此外还建有东海大桥、沪芦高速公路、临港新城等辅助配套工程。自2002年开工至2017年末，经过多年建设取得了显著成果，一体两翼、合作多赢的港口格局逐步形成。2017年12月，洋山深水港区四期工程建成，共建设7个集装箱泊位，集装箱码头岸线总长2 350米，设计年通过能力初期为400万标准箱，远期为630万标准箱，港口采用全自动化集装箱码头建设方案。这标志着中国港口行业在运行模式和技术应用上实现里程碑式跨越升级，意味着全球规模最大的自动化集装箱码头初展雄姿。

# 吴淞口国际邮轮港

吴淞口国际邮轮港位于上海吴淞口长江岸线的炮台湾水域，于 2008 年 12 月开工建设。其码头水域规划岸线总长 1 500 米，一期岸线长度 774 米，建有 2 个大型邮轮泊位，可同时停靠一艘 10 万吨级邮轮、一艘 20 万吨级邮轮。经过前期建设，邮轮港于 2011 年 10 月正式开港试运行。开港以来，接靠国际大型邮轮超过千次，出入境旅客人次不断攀升，现已成亚太地区最为繁忙的国际邮轮港母港。

吴淞口国际邮轮港码头具有天然的水深优势、独特的自然和人文资源、比较完善的市政服务配套设施。为积极贯彻落实国家“一带一路”和“长江经济带”发展的战略部署，进一步加快上海国际航运中心建设，吴淞口国际邮轮港于 2015 年 6 月启动后续工程建设。后续工程建设将在码头总长度、邮轮泊位建设方面进行延伸拓展，提升港口的承载力，致力于成为世界邮轮旅游航线的重要轴心。

作为上海重要的城市基础功能，吴淞口国际邮轮港弥补了上海港无大型邮轮专用码头的缺陷，与北外滩国际航运中心共同形成我国规模最大、功能最全的国际邮轮母港，使上海成为我国邮轮产业中心。

# 中国航海博物馆

中国航海博物馆位于浦东新区临港新城主城区滴水湖畔，是经国务院批准设立的我国唯一的国家级航海博物馆，由国家交通运输部和上海市人民政府共同筹建，于2010年7月5日正式对外开放。

中国航海博物馆建筑面积46 434平方米，室内展示面积21 000平方米，室外展示面积6 000平方米，建筑由基础建筑和侧翼建筑构成。基础建筑上矗立两座70米高的钢结构中央帆体，犹如两叶白色风帆，凸显航海主题，堪称临港地区文化地标。博物馆拥有藏品约2万件（套），基本陈列以“航海”为主线、“博物”为基础，分设航海历史、船舶、航海与港口、海事与海上安全、海员、军事航海六大展馆，渔船与捕鱼、航海体育与休闲两个专题展区，并建有天象馆、4D影院、儿童活动中心。博物馆展陈突破传统的静态陈展模式，馆内诸多互动展项让人流连忘返：虚拟船舶驾驶舱、30多种水手结、270度环幕影院、船板焊接、集装箱吊装、登临明代福船……为观众提供多样化的参观体验，全方位、近距离地了解中国航海。作为中国规模最大、等级最高的综合性航海博物馆，全馆展示内容涵盖航海（包括军事、民用、商贸、体育、休闲航海等）、航海史、航海文化、港口、造船、救捞、海事等，在世界航海大背景下全面展示中国航海事业的发展历史，营造上海国际航运中心文化氛围。

自开馆以来，中国航海博物馆先后获得“国家AAAA级旅游景区”“全国科普教育基地”“上海市爱国主义教育基地”“上海市志愿者基地”等称号。中国航海博物馆以传承航海文明，弘扬航海精神为使命，秉承“服务优质、品牌优秀、运行优良”的运营目标和精益求精的服务理念，为推动我国海洋强国战略和上海国际航运中心建设做出新的贡献。

# 第七章

# 浙江省

浙江省位于中国海岸线的中段，北接黄海，南连南海，海域面积 26 万平方公里，海岸线总长 6 486 公里，居全国首位。浙江省拥有面积 500 平方米以上的海岛 3 061 个，是中国岛屿最多的省份，其中面积 495.4 平方公里的舟山岛是中国第四大岛。境内海湾众多，有杭州湾、象山湾、台州湾、温州湾；河网密集，钱塘江、甬江、椒江、曹娥江、瓯江、飞云江与鳌江源自浙西山区，东流入海。浙江省内湖泊主要分布于浙北平原，最大的湖泊东钱湖在浙东鄞县，面积 22 平方公里。京杭大运河起自杭州拱宸桥，经桐乡、湖州等地进入江苏省，在浙江省境内长 129 公里。

浙江省境内山海相连，水网交错，港湾密布，舟船如织，岸线曲折绵延，海岛星罗棋布，享有“舟楫之便，渔盐之利，鱼米之乡”的美誉，是中国航运文化的发祥地之一。萧山跨湖桥遗址、河姆渡文化遗址出土了史前的舟船遗存，表明航运与早期人类社会生活的密切关联。在唐代，明州与交州、广州、扬州并称为四大名港。宋代，在明州设置市舶司，之后明州一直是东南沿海通往日本、高丽的主要出海港口，在古代海上丝绸之路的东海航路中占有重要地位。16 世纪，双屿港一度成为亚、非、欧各国商人云集的贸易大港。从北宋徐兢奉命出使高丽，到元代国使一山一宁禅师远航日本，再到郑和下西洋多次途经浙江沿海，浙江港口在中国古代对外贸易与文化交流中发挥了重要作用。清初弛“海禁”后，设于宁波的浙海关是全国四大海关之一。第一次鸦片战争后，宁波开埠，拉开了浙江航运的近代化帷幕，成为中外通商、中西文化交汇的重要口岸之一。

浙江沿海港口作为古代海上丝绸之路的始发地与通往东亚各国的重要驿站，在海上文化传播乃至东亚文化圈的形成过程中发挥了重要的作用。千百年来，勤劳智慧的浙江人民在与海洋的互动过程中，逐渐形成了特色鲜明、底蕴深厚、内涵丰富的航运文化，在中华海洋文明史上占据着极其重要的地位。

# 长安闸

长安闸位于浙江嘉兴海宁市，是古代连接不同水系，比如长安塘（崇长港）和上塘河的一个重要枢纽及管理机构，为宋代江南运河三大堰之一，是江南古运河上规模最大的运河设施之一。其采用三闸两澳复式结构，通过各设施的联合运用和严格的管理措施，达到引潮行运、蓄积潮水、水量循环利用的多重工程目的，代表了当时水利航运设施建设的世界先进水平，具有较高的历史、科学价值。2011 年 1 月被列为浙江省级文物保护单位。

# 嘉兴三塔

嘉兴三塔位于嘉兴西门外京杭古运河畔、原茶禅寺前。塔初建于唐代，该塔是一座富有传统建筑风格的砖塔，造型美观，观之赏心悦目。因其结构严整，虽历经千年的历史风烟，至今仍巍然屹立，足以说明古代劳动人民在建筑科学和艺术上的聪明智慧。据《嘉禾志》记载：“此处有白龙潭，水深流急，行舟过此多沉溺，潭中有白龙兴风作浪，于是运土填潭，建三塔以镇之。”旧时舟子遥见三塔，遂谨慎行驶，嘉兴三塔起到了航标的作用。

# 温州江心屿双塔



温州江心屿双塔位于瓯江江心屿上。江心有东西两峰，东为象岩，西为狮岩，两岩上建有东西二塔。东塔建于唐咸通十年（869 年），塔高 28 米，西塔始建于北宋开宝二年（969 年），塔高 32 米。据北宋刘愈《东西塔记》载，东塔于绍兴八年（1138 年）重建，历时 3 年，至绍兴十一年（1141 年）仲春竣工，是对西塔完全仿造，因此东西两塔形制相似。

自宋代直至清光绪年间，江心屿双塔塔顶夜灯高照，为行驶于瓯江的过往船只发挥着引航作用。北宋温州太守杨蟠《孤屿山》诗句“孤屿今才见，原来却两峰。塔灯相对影，夜夜照蛟龙”记述了双塔作为航标的情形。

2011 年，江心屿双塔被列为浙江省文物保护单位。1997 年，被国际航标组织列入世界百座历史文物灯塔，国际航标协会正式宣布其为世界航标遗产。2002 年 5 月 18 日，“江心屿双塔”出现在中国国家邮政局发行“历史文物灯塔”特种邮票上。

# 象山东门妈祖庙

象山原有丹城、石浦、爵溪、南田、东门5座妈祖庙，至今仅存东门妈祖庙。象山东门妈祖庙又称天后宫，位于象山东门岛老道头，始建于元代，占地2 000平方米，建筑面积1 280平方米，清嘉庆二十四年（1819年）重修。庙前有台阶18级，进山门为门楼、戏台、厢楼、大殿。整个建筑为抬梁式与穿斜式结合，檐柱有狮子、花鸟人物雕饰，古朴典雅、雕镂精巧。大殿正中为妈祖神像，两旁有千里眼、顺风耳的神像。庙的两侧厢楼被辟为“渔文化展览馆”，陈列各式船模、渔具及岛上渔民海上救难事迹图文、东门渔业发展历史图表等。象山东门妈祖庙的祭祀时间有两次，一次是在农历三月十五至二十三之间，称“开洋节”；另一次是在农历六月二十至二十三之间，称“谢洋节”。

# 拱宸桥

拱宸桥位于杭州北部的大运河杭州塘上、杭州市区大关桥北，建于明崇祯四年（1631 年），是京杭大运河终点的标志建筑物。拱宸桥东西向，横跨京杭大运河（杭州段）主航道，为三孔驼峰薄拱薄墩联孔石拱桥，总长 98 米，桥高 16 米，桥面中部宽 5.9 米。

拱宸桥初建时是木桥，清光绪十一年（1885 年）重建，中间几经兴废。该桥建成后，周边逐渐形成街市，成为运河航运、个体工商业者、近代产业工人聚居区与近代杭州重要的商业中心。2005 年，拱宸桥进行大修，护桥石全部更换。该桥保存完整，现仍在使用。

# 海神庙

海神庙位于浙江省海宁市盐官镇，由清代浙江总督李卫于雍正八年（1730 年）九月奉敕建造。

据方志记载，宋元以后海宁潮情加重，塘岸屡遭冲毁。清代，朝廷多次派重臣赴海宁督办塘工、抢修固塘。李卫奉旨建造海神庙，旨在祀浙海之神。

海神庙占地约 2.7 公顷，其结构仿照故宫太和殿，为重檐歇山顶式宫殿建筑，五楹陛四出七级，有“银銮殿”之称。海神庙正殿祭祀传说中的“浙海之神”，武肃王钱镠、吴英卫公伍子胥享配左右。正殿的建筑面积 546 平方米，高 20 米。海神庙共分九院，中轴线上有歌舞楼、庆成桥、山门殿、正殿、御碑亭、寝宫等。东侧有天后宫，宫前为斋厅，后为道院，西侧为雷神殿，殿后为池，池上筑平台，过桥为高轩，轩西为道士栖止之所，后又有戏台、水仙阁及敞厅、耳房等，宏丽壮观，气魄非凡。

# 浙海关税务司署办公楼

浙海关税务司署办公楼位于宁波市江北区中马路198号，为浙海关旧址博物馆。

清初弛“海禁”后，朝廷于1684年在宁波设浙海关。第一次鸦片战争以后，伴随五口通商，在洋人帮办税务的历史背景下，税务司制的浙海关于1861年设立，坐落于宁波市江北岸外马路。此后陆续建成浙海关税务司公馆、浙海关税务司署办公楼、浙海关税务司署验货场、浙海关俱乐部、宁波一等邮局等建筑，形成了浙海关税务司署建筑群。

目前，这组建筑群仅存浙海关税务司办公楼。办公楼为三层加阁楼砖木混合结构，平面呈长方形，两面有外廊，建筑面积1 067平方米。一层用房平面布局呈“L”形，东面柱廊后设正房三间，曾作为浙海关办公室。西南侧一大间为栈房，西北侧为其他管理房。二层、三层曾作为浙海关监察长住宅，房间布局与一层基本相同。四层为阁楼，设简易房8间。内部装饰精致考究。

浙海关税务司署办公楼是我国较早初具现代海关职能的机构遗存，是近代浙江海关发展的见证，具有较高的历史文化价值，2005年被列为浙江省级文物保护单位。

# 花鸟山灯塔

花鸟山灯塔位于舟山嵊泗境内的花鸟岛，又名北马鞍岛灯塔，建于1870年。

19世纪中后期，伴随上海、宁波以及长江内河港口开埠，中国沿海沿江至日本、太平洋航线日趋繁忙。花鸟岛处于沿海航线与长江航线的交汇点，附近岛礁多。为保障过往船只航行安全，晚清海关筹划设立花鸟山灯塔。塔高16.5米，距海平面实际高度89米，塔顶光柱射程达24海里，大雾弥漫时启动雾笛，可声传8海里之外。该灯塔主灯牛眼透镜直径达1.84米，塔身为黑白两色。该灯塔是集视觉航标、音响航标、无线电航标、船舶自动识别系统基站于一体的大型灯塔，也是一座综合型助航设施。

花鸟山灯塔是我国东南沿海、东南亚地区及经由东海进出长江口的重要标志。1997年10月被国际航标协会（IALA）列为世界历史灯塔，2001年6月被国务院列为第五批全国重点文物保护单位。2002年5月，花鸟山灯塔被国家邮政局列入“中国历史文物灯塔”特种邮票发行。花鸟山灯塔因其地理位置重要、历史悠久、功能齐全且具有国际影响而被称为“远东第一灯塔”。

# 北渔山灯塔

北渔山灯塔位于北渔山高岩山巅，塔身为白色圆形，高16.9米，直径4米。北渔山山巅是中国领海线基点，北渔山灯塔是我国最东面的国家一级灯塔，被誉为“远东第一大灯塔”。

该塔于清光绪二十一年（1895年）建成，所置特等镜机为法国巴黎巴比尔公司特制，直径2.66米，高3.6米，重15吨，体积为世界镜机之最。镜置于水银浮槽上，以手触动即可旋转自如。灯器6蕊灯头，燃用煤油。清宣统二年（1910年），改置白炽纱灯罩，光强由9.4万烛力增至30.9万烛力。镜机2分钟旋转一周，每半分钟发放白色闪光2次，26海里范围内均可望见。

1986年7月，北渔山灯塔经交通部批准后开始重建，由上海航道局和温州航标区组织施工，翌年7月1日建成，同月16日举行落成典礼。新灯塔为红白相间横带圆塔。主灯光射程大于25海里。配有自动控制与警报系统、电机房、办公室及生活设施配套。

北渔山灯塔是中外船舶进入沪浙沿海港口的门户航标，也是中国至韩国、日本、东南亚国家以及经过太平洋的远洋国际航线中的重要灯塔之一，对研究我国近代科技和航海史具有重要价值。

# 宁波舟山港

宁波舟山港地处中国大陆海岸线中部、长江口南翼、“丝绸之路经济带”和“21世纪海上丝绸之路”的交汇点，背靠长三角城市群和长江流域腹地。

2016年12月，交通运输部和浙江省政府联合批准《宁波-舟山港总体规划（2014—2030年）》。根据该规划，宁波舟山港以大宗能源、原材料中转运输和集装箱干线运输为重点，共划分为19个港区，其中，北仑、洋山、六横、衢山、穿山、金塘、大榭、岑港、梅山等九个港区为主要港区，以综合运输为主；嵊泗、岱山、镇海、白泉、马岙等五个港区为重要港区，以服务海洋产业为主，兼顾综合运输；定海、石浦、象山港、甬江、沈家门等五个港区为一般港区，主要服务地方经济发展。

宁波舟山港现有生产泊位620多座，其中万吨级以上大型泊位近160座。2017年集装箱吞吐量位居世界第四。港口具有水路、公路、铁路和管道多种运输方式，航线航班密集，240多条国际航线连接着100多个国家和地区的600多个港口，是世界上最繁忙的港口之一。

经过多年建设，舟山宁波港已经发展成为世界重要的集装箱远洋干线港，也是国家的主枢纽港之一，在全面融入“一带一路”、长江经济带建设、为推进国际一流强港和海洋强国建设贡献力量。

# 嘉兴船文化博物馆

嘉兴船文化博物馆坐落于嘉兴古运河畔，2003 年 10 月 26 日建成开馆，是中国首家船文化博物馆。博物馆建筑面积 1 800 余平方米。该馆展示内容分四大板块：舟船史话、水乡船韵、名船世界、船舶科技。序厅是桅杆直插穹顶的漕舫船，壁墙上镶嵌长达 15 米的喷绘全卷画《清明上河图》。一楼展厅为舟船简史，八个大展柜讲述了八个动听的故事；二楼展厅为水乡风情，展现江南水乡舟楫人家的风俗民情；三楼展厅为名船名舰，由中国古船、西洋古船、近现代战舰、现代民船四部分组成，展现世界航海史上的科技成果。

# 岱山中国灯塔博物馆

岱山中国灯塔博物馆坐落于舟山市岱山县，于 2005 年 7 月建成开馆。

岱山中国灯塔博物馆建筑面积 970 平方米，室内展览区共 600 平方米。一楼为展厅，展示了近二百年来中国沿海灯塔使用过的相关灯器，具有历史文物价值的展品共 60 余件，展示世界各国的灯塔图片 300 余幅。二楼开设了灯塔休闲吧及模拟驾船室。观众可以在参观之余到具有灯塔文化氛围的休闲吧休息，伴着琴声回味灯塔的历史。模拟驾船室采用先进的电脑仿真模拟技术，1 200 环幕，观众走进驾驶室可亲身体验驾船的乐趣。同时，观众可以自由选择航线、天气的变化以及风浪的大小，享受着作为船长行驶于茫茫大海搏击风浪的快感，也可以充分了解到灯塔在航行中的重要作用。

岱山中国灯塔博物馆是国内第一个以灯塔为主题的公共文化机构，在传承中国灯塔历史与文化、普及航标知识方面发挥着重要作用。

# 中国京杭大运河博物馆

中国京杭大运河博物馆位于杭州市拱墅区运河文化广场南侧，毗邻大运河南端的终点标志——拱宸桥，于2006年10月建成开馆。

博物馆建筑面积10 700平方米，建筑风格总体定位传统而不复古。该馆以一层为主，局部二层，并有部分地下室。首层主要是博物馆常规展示部分，共四个厅、一条展廊；二层主要是资料室、视听室、办公室等。该馆展览区共分五个展厅：序厅“地球上的运河、中国大运河”；第一展厅“运河的开凿与变迁”；第二展厅“大运河的利用”；第三展厅“大运河杭州段的综合保护”；第四展厅“运河文化”。各展厅通过图片、实物、模型等形式，展示和解释大运河丰富的自然人文景观。中国京杭大运河博物馆是全方位、多角度反映和展现大运河自然特性、人文精华的大型博物馆，也是运河文物、文献资料征集、收藏中心和运河文化的研究和展示中心。

# 中国港口博物馆

中国港口博物馆坐落于浙江省宁波市北仑区春晓滨海新城，于2014年10月建成开馆，是由国务院命名的我国规模最大、等级最高的港口专题博物馆。

中国港口博物馆以港口文化为主题，集展示、教育、收藏、科研、旅游、国际交流等功能于一体，现有馆藏文物15 000余件、专业书籍资料12 000余册，已成为国内收藏、展示港口主题文物和历史资料的重要机构。博物馆常设陈列由“港通天下——中国港口历史陈列”“创新之路——现代港口知识陈列”“水下考古在中国专题陈列”和港口科学探索馆、数字海洋体验馆等六部分组成，另设有临展厅一个，常年举办各类临时展览。

中国港口博物馆与国家水下文化遗产保护宁波基地合作共建、资源共享的建设运营模式，在学术研究和交流、科技保护等多方面形成广泛影响。博物馆常年性举办“港博讲坛”“我与港博同成长”“万物启蒙夏令营”“流动博物馆”“探古寻幽”等社会教育活动，并定期出版《中国港口博物馆馆刊》和《港博视窗》简报，社会反响良好。

经过数年建设发展，中国港口博物馆已成为挖掘港口历史、传承港口文化、传播海洋文明的重要基地，也是21世纪海上丝绸之路的重要文化支点。

# 第八章 福建省

福建地处祖国东南部，东隔台湾海峡，与台湾省相望，东北与浙江省毗邻，西北横贯武夷山脉与江西省交界，西南与广东省相连，连接长江三角洲与珠江三角洲，是我国东南部的沿海大省，居于中国东海和南海的交通要冲。福建是中国距东南亚、西亚、东非和大洋洲最近的省份之一，是海上丝绸之路的重要发祥地之一，也是中国与世界交往的重要门户之一。

福建境内水系稠密、溪河众多，有大小水系 37 条，且多数发源于本省，并在福建沿海出口。以一个省据有一个基本上独立完整的水系单元，这在我国是相当独特的现象。

在三面环山、一面临海的地理环境下，福建海上交通与海洋贸易历史悠久。早在秦汉时期，福建境内的闽越先民就形成了以舟为车、以楫为马的生活。自三国至五代，福建造船业在东南沿海地区声名远播。伴随宋元海上丝绸之路的繁荣，以福船为代表的中国传统海船扬帆海外，福建成为全国主要造船基地之一。

福建沿海港湾众多，大量良港分布其间，港口的发展历史悠久，历史上先后形成福州、泉州、漳州、厦门四个著名的港口。宋元时期，泉州取代杭州、四明（今宁波）、广州，跃居全国最繁荣的对外贸易中心地位。帆樯林立、商客云集的泉州也是当时世界重要的商贸集散地和中国伊斯兰教等文化胜地，成为蜚声中外的世界大港。明代郑和七下西洋多由福建长乐港出海，开启中国古代远洋航行的壮举。鸦片战争后，福州、厦门被辟为五大通商口岸之一，伴随近代航运、贸易的发展，福建得风气之先，成为中西文化交汇的窗口。

历史上，在我国沿海各区域形成了诸多海神崇拜，尤以福建的妈祖信仰最具代表性。妈祖信仰是我国东南沿海独特海洋文化和海神崇拜的重要见证，与海洋贸易息息相关。凡有海商的地方，就有妈祖庙、天后宫。保存至今的福建莆田湄洲妈祖祖庙、妈祖雕像，泉州天后宫，福州船政天后宫等历史文物、古建筑，依然向世人诉说着妈祖与航运文化的渊源。

伴随航运历史与文化的发展积淀，福建境内遗留下诸多文物古迹，诸如良港、古塔、古桥、古航渡、灯塔、税务司公馆、祈风石刻、宗教建筑等。这些遗存古迹是福建海洋文化最直接的见证，真实写照了福建历史上绵延不息的航运历程。

# 福州马尾罗星塔

罗星塔位于福建省福州市马尾区闽江下游三水汇合处的罗星山上，是国际公认的航标，也是闽江的门户标志。

自宋以来，福建海外贸易发达。福州作为一个重要的港口，也是海上商船经常停靠之地。据《闽都记》载，罗星塔原是宋代岭南（今广东）柳七娘为望夫归而建造的一座木塔。不论是官府商船还是民间商船，凡进出闽江海口的船只，都因有罗星塔引航路、镇水势而保平安，同时罗星塔也成为见证福州航运兴盛的重要象征。

历经几百年间的风风雨雨，木塔倾颓。明朝天启年间（1621—1627 年），一座七层八角石塔在原有的塔座上重建起来，高 31.5 米，塔座直径 8.6 米，每层有石砌栏杆和泄水檐。第二层有一方塔铭，铭中把罗星塔的形势和作用概括为“中流砥柱，险要绝伦，以靖海疆，以御外侮”。塔顶嵌着一颗直径近 7 米的铁球，塔顶原有一小窗，供守塔人夜晚点灯为船舶导航，是该水域重要的古代船舶导航标志。作为古代港口航海灯塔之标志，罗星塔早在明初就被绘入《郑和航海图》和《航海针经图册》。由于对于中外航运的重要影响，罗星塔素有“中国塔”之称。

数百年来，罗星塔栉风沐雨，既见证了福建船政之兴，又铭刻了马江海战之败。罗星塔以前位于江心岛屿，俗称“磨心岛”。经过几百年沧海桑田，磨心岛与陆地相连，成为陆上一高埠，罗星塔的导航作用随之消失，罗星塔成为一座景观塔。1985 年罗星塔被列为省级文物保护单位。

# 福州长乐太平港旧址

太平港位于福州长乐县西，旧名马江，其前身是春秋吴王与三国吴主的造船基地——吴航头。相传春秋时期，吴王夫差就在这里造船制舶。三国时代，吴主孙皓也曾派遣太守在此兴办水运。500多年前，太平港港阔水深，四周环山，是个天然的避风良港，岸边还有弯曲的水道和众多的港汊。

明朝郑和七下西洋，都是从苏州刘家港出发来到福建，在长乐太平港候风开航，或维修，或训练，或给养，或休整，或伺风，或祭妈祖，停泊时间少则数月，多则半年以上。太平港南还有座南山。郑和在这里候风的时候，经常登上南山观察港口形势，察看船队阵容。

自明代中叶以后，随着海水的冲积以及泥沙的淤塞，太平港湾水面狭窄，淤塞严重。目前，这里仍是长乐市的主要水路港口。其中河阳港港区上至市区的西关桥，下至西关岐后村原闽江航运公司长乐航运站轮船码头，岸线长600米，水域1 800平方米，有长乐搬运公司装卸码头、闽江航运公司专用码头、水产公司专用码头，最大靠泊能力60吨级，可供20艘10～20吨级内河运输船只同时停泊装卸，但已远非昔日可比。南山上有座建于北宋政和七年（1117年）的石塔——“圣寿宝塔”，后改名“三峰塔”，又称“雁塔”。塔高27.4米，共七层，是八角仿木结构石砌建筑。最近，在此塔第七层的塔壁上，发现有“圣寿宝塔时政和丁酉十一月二十三日圆满”的刊石刻铭。这是郑和检阅停泊在太平港庞大船队的瞭望塔，也是郑和下西洋船队出入太平港的航标塔。

这座古塔，虽然历尽沧桑，但至今仍巍然屹立，是研究郑和下西洋及其宗教信仰的实物资料之一。

# 长乐郑和史迹陈列馆

长乐郑和史迹陈列馆位于福建长乐市塔山，是1984年11月福建长乐市政府为了纪念郑和下西洋580周年，在原“天妃行宫”“三峰塔寺”和“三清宝殿”的遗址上动工兴建的，1985年7月完工。该陈列馆坐西朝东，背负三峰寺塔，占地3 378平方米，建筑面积1 387平方米。

馆藏珍品有省级保护文物天妃灵应之记碑、郑和塑像、郑和钟、宝船模型，航海图等复制件及字画图片，还有全国书法作品一百九十多幅、篆刻作品五十七枚。

陈列馆中最重要的文物当属天妃灵应之记碑。天妃灵应之记碑俗称天妃碑、郑和碑，系明宣德六年（1431年）冬，郑和第七次出使西洋前在长乐伺风时镌立。这是现存的唯一由郑和亲笔撰写的石碑。

碑身高162厘米，宽78厘米，厚16厘米，碑座高29厘米，碑额镌篆文“天妃灵应之记”，饰以祥云捧日图案，碑身周饰缠枝蕃莲纹。碑文楷书31行、共计1 177字，历述下西洋的目的、意义，前六次下西洋的经过、成果和第七次下西洋的任务，以及在长乐修建寺、宫、殿和刻碑、铸钟的情况。天妃灵应之记碑是郑和下西洋所留下为数不多的重要实物之一，对于研究郑和下西洋以及我国明代海外交通具有重要的价值。

# 福州马尾造船厂

马尾造船厂位于福州辖内的马尾港，距闽江仅有数里之远，是19世纪中晚期中国主要的几个造船厂之一。1866年建立，时称福建船政，是中国近代早期最大的官办船厂和船政学堂，也是近代洋务运动的实验基地。

作为近代中国造船工业的先驱，马尾造船厂引进西方先进的技术、设备和人才，在很短的时间里成为当时远东地区规模最大的造船基地，代表了当时我国造船工艺的水平，是中国造船史上的一个里程碑。同时，船政学堂是中国第一所科技海军学校，培养了大批造船和航海以及其他相关的人才。我国海军从清末的南洋、北洋舰队以至民国，许多舰艇长、舰队司令、海军大臣、总长、部长，几乎都是从马尾船政学堂毕业。船政学堂被誉为中国近代“科技与海军队伍的摇篮”。《清史稿》载“船政学堂成就之人材，实为中国海军人材之嚆矢”。

国家级文物保护单位“一号船坞遗址”是马尾造船厂的建筑群之一，建于清光绪十九年（1893年），是当时世界第二大石船坞，也是远东最大的船坞。2002年，东海舰队一艘退役猎潜艇也落户此地，作为爱国主义教育之用。

百年马尾造就了福州闻名遐迩的船政文化。位于马尾马限山麓的中国船政文化博物馆是以宣扬船政文化为主题的专题博物馆，1998年5月对外开放。建筑面积约8 000平方米（含博物馆前开放式广场，面积约3 800平方米），其中展厅面积约3 600平方米。博物馆通过门厅“杨武”号舰模、船政概览、科教夙兴、产业先驱、海军根基五个部分展示船政文化的内涵。近年来，伴随船政文化的宣传，船政文化品牌效应突显，中国船政博物馆成为福建省知名的爱国教育基地、航海科普基地。

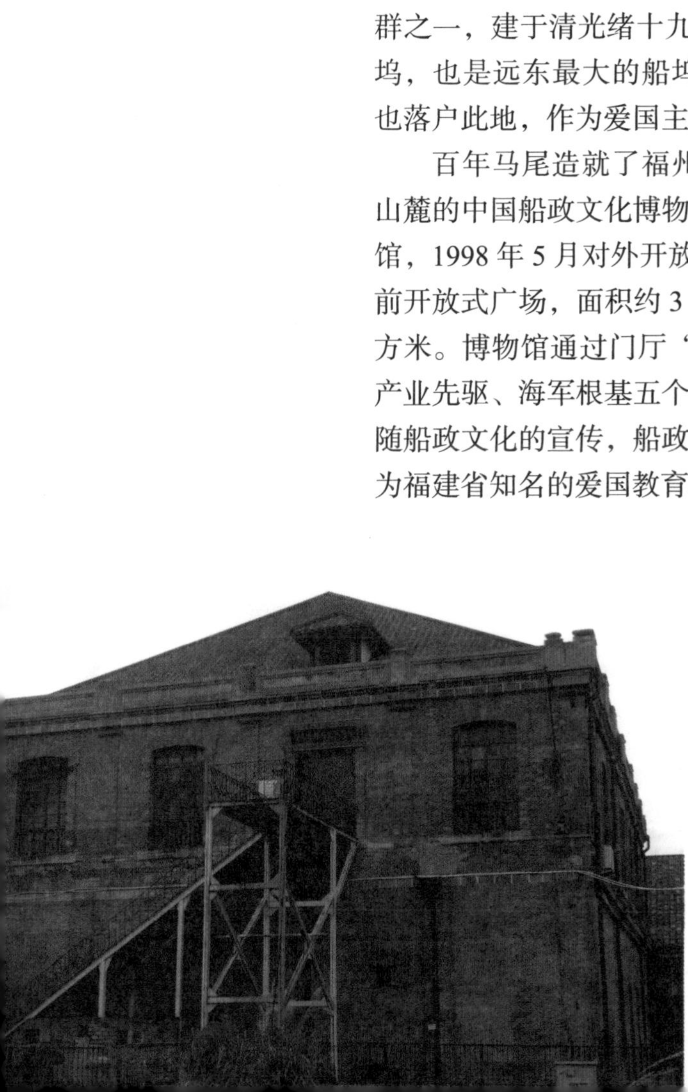

# 福州闽海关副税务司官邸旧址

闽海关副税务司官邸位于福州仓山区立新路5号，是一座二层砖木结构的殖民地外廊式建筑。原为公裕洋行（Rusden Phipps & Co.）建筑，先后作为美国驻福州领事馆（1891年前）、闽海关副税务司官邸使用，建造时间应不晚于1868年。

建筑带有庭院，有马房、厨房等附属用房，并有数株建楼时种下的植物。主建筑为二层砖木结构，殖民地外廊式风格，走道位于房屋中间，走道左右各两间房间，面积很大，同侧的两间房中间隔断为一排折叠木门，打开则成一大厅，可举办宴会使用。建筑外观呈不完全券廊式，一楼柱廊发券，二层则为平过梁，檐口有简化的线脚和齿状线脚装饰。

闽海关为福建海关通称。它的设置体现了清朝对福建进出口贸易的国家管辖权。康熙二十三年（1684年）始设闽海关，为前朝市舶制度的延续，置有南台（福州）、厦门两衙署。乾隆十一年（1746年）经清廷确认，闽海关设有厦门、南台、泉州、铜山（东山）、宁德、涵江六总口及分口等31处，福建海关体系渐臻完备。

鸦片战争后，福州成为第一批对外开放的通商口岸之一。开埠后，随着对外贸易的发展，咸丰十一年（1861）外籍税务司制的闽海关税务司署成立，又称“洋关”，之后在福州泛船浦和仓前山一带兴建了一批海关办公楼、税务司公馆、海关宿舍等建筑。历经岁月变迁，如今这些建筑虽然年久失修，仍然是研究福建海关史、建筑史、城市史的重要实物资料。

闽海关副税务司官邸是福建海洋文化遗产的重要组成部分，目前已被纳入福州仓山区文物登记。

# 湄洲妈祖祖庙

湄洲妈祖祖庙，位于福建省莆田市湄洲湾口—湄洲岛上，供奉着世界闻名的“海神”妈祖。

妈祖，本名林默，是北宋福建莆田湄洲屿的一位普通女子。她死后，乡人感其生前为民治病、海上救人的恩德，就在湄洲屿祖庙山立庙祠之，这就是最早的妈祖庙。祖庙的寝殿、正殿和圣父母祠是祖庙建筑群的主要建筑，也是妈祖信仰在祖庙的主要载体。据文献记载，当时的庙宇仅“落落数椽”，规模很小，但“祈祷报赛，殆无虚日”。后经历代扩建、修葺，日臻雄伟，到清乾隆以后，湄洲妈祖祖庙已颇具规模，成为一座有 99 间斋房，号称“海上龙宫”的雄伟建筑群。

北宋徽宗钦赐莆田妈祖庙“顺济”庙号。“顺济”是官方对妈祖这一传统民间崇拜的第一次恩典和肯定，使妈祖第一次从自发信仰转变为官方承认的地方信仰。经过千百年的传颂，妈祖信仰从莆田到福建，到中国沿海，再到海外。

现在的湄洲妈祖祖庙为长 323 米、宽 99 米的五进仿宋建筑群，由大牌坊、宫门、钟鼓楼、顺济殿、天后广场、正殿、灵慈殿、妈祖文化园组成。妈祖庙后的岩石上刻有“升天古迹”“观澜”等石刻。此外，祖庙山顶高高伫立的巨型妈祖石雕像，高 14.5 米，由 365 块花岗岩石组雕而成，象征着湄洲岛人民祈望妈祖全年保佑湄洲岛 14.5 平方公里的土地。

湄洲妈祖祖庙，是妈祖信仰的发祥地、世界妈祖文化的中心，也是世界各地妈祖庙之祖，连接了海内外华人的地缘、业缘与身份认同。基于妈祖信俗的深远影响，妈祖信俗被联合国教科文组织列为世界非遗名录。福建湄洲妈祖祖庙也被列入全国重点文物保护单位。

# 泉州后渚港旧址

福建泉州后渚港，宋代属于晋江县的临江里，元代改名后渚铺。它位于洛阳江和晋江入海口处，水深港阔，便于海船停泊和起航，距泉州十公里，内陆交通方便，是泉州湾的天然良港，也是泉州对外通商贸易的主要港口，中外商舶皆集中于此。

泉州早在公元六世纪的南朝，即为对外贸易的重要港口，历经隋、唐、五代渐趋繁盛。宋元时期，泉州港对外通商贸易更加繁盛，曾以“刺桐港”驰名海内外。当时港内风樯鳞集，来往于亚、非间的中外商舶数以百计，被誉为“世界最大贸易港之一”。在泉州南门外和法石、后渚等地常发现有桅杆、船索、船板、船钉、石砌建筑基址和石塔等历史遗物，这便是当时船坞和古渡头的遗迹。

泉州港范围包括泉州湾、深沪湾、围头湾、安平港，其中以泉州湾为主。泉州湾包括梧宅、后渚、蚶江、石湖等港口，其中后渚港居主要地位。宋元时期，丝绸、瓷器、茶叶、糖、铜铁器等和其他各地运来的货物，均取道晋江或洛阳江，从后渚港出海，远销国外，同时也将进口物资由后渚上岸运往内地。

1974 年 8 月，在后渚港附近出土了一艘宋代木构远洋海船（后定名为泉州湾宋代海船），残长 24.2 米、残宽 9.15 米，随同海船出土的文物有 4 700 多斤的香料木、珍贵药材、唐宋铜钱、宋代陶瓷器、南海海域的各种贝壳、水果核等。出土海船现存泉州海外交通史博物馆，供人们参观。

泉州湾后渚港的宋代木造海船，是我国建造的一艘古代远洋木帆船。它的发现和发掘，为研究泉州海外交通史、中外经济文化交流及中外人民友好关系史、我国造船业发展史、航海史以及泉州湾的地理变迁，提供了宝贵的实物资料，是我国海外交通史迹的重要发现。

# 泉州晋江姑嫂塔

姑嫂塔原名“万寿塔”，位于福建省晋江市石狮永宁镇西北隅海拔 209.6 米的宝盖山山顶上，建于南宋绍兴年间（1131—1162 年），后历经多次修缮，是闻名海内外的一座古代石塔。

姑嫂塔俗名“关锁塔”，有关锁水口、镇守东南的气势。塔坐东向西，塔身用巨大的花岗岩石构成，八角五层，呈楼阁式仿木结构，中间虚空，通高 22.68 米。八百多年来，它抵御台风、暴风和地震，依然挺立，充分显示出宋代泉州建筑工匠的高超技艺。

南宋时期，泉州港是世界上最大的贸易港口之一，对外贸易十分繁荣。为适应海外交通的需要，在位处泉州港口的宝盖山上建造石塔，作为航标灯塔，其意义十分重要。《八闽志》记载：“在永宁里有石塔甚宏丽，商舶自海迁者，指为抵岸之期。”诗中的石塔，就是指姑嫂塔。《泉州府志》《读史方舆纪要》中的相关记载均说明此塔是古代的海船航标。

姑嫂塔是泉州港船舶出入的重要航标，登之可望商舶来往，是泉州海上丝绸之路航海通商的重要历史见证，也是泉州作为海上丝绸之路“东方第一大港”的重要标志之一。2006 年该塔被定为国家级重点文物保护单位。

# 泉州洛阳桥

洛阳桥坐落于泉州市东北十公里处，原名“万安桥”，是我国现存年代最早的跨海式大石桥，也是官绅商旅南来北往的必经之地，至今已有九百多年历史，素有“北有赵州桥，南有洛阳桥”之美誉。

洛阳桥始建于北宋皇祐五年（1053年），嘉祐四年（1059年）竣工。它是在泉州海洋贸易繁盛的时代背景下，因连接海港和内陆需要而建众多桥梁中的典型代表。整座桥全部用巨大石块砌成。现存桥长834米，宽7米，桥墩31座，有石亭2座，一为中亭，一为“泉南佛国”亭，另有明、清重修碑记12座。桥北有昭惠庙、真身庵遗址；桥南有蔡襄祠，著名的蔡襄《万安桥记》宋碑立于祠内。

洛阳桥是古代中国桥梁建筑的杰作之一。它的建造是世界桥梁筏形基础的开端，在海湾建桥中首创“筏型固基”“植蛎固基”法，即在桥墩基下抛填大量石块，然后用长条石横叠砌成船型桥墩，又在桥墩基础上养殖牡蛎，利用蛎壳胶结基石，使桥墩形成坚固的整体。这是对世界桥梁建筑的一大贡献。洛阳桥建成之后，名震寰宇，海内皆知，各地闻风兴起，尤其是泉州出现了史无前例的“造桥热”，史称“闽中桥梁甲天下，泉州桥梁甲闽中”。仅在南宋绍兴年间（公元1131—1162年），便有十座石桥的兴建。

洛阳桥的建造，方便了泉州港陆海联运，是泉州海洋贸易活动兴盛、交通技术发达的重要见证。1987年洛阳桥被国务院定为全国重点文物保护单位。

# 泉州南安九日山祈风石刻

泉州南安九日山祈风石刻位于南安市丰州镇旭山村九日山上。据考证，九日山东、西两峰上，自晋代以来历代均有石刻。现仅存北宋至清代摩崖石刻 78 方，以宋刻居多，内容有景迹题名、登临题诗、游览题名、修建记事、海交祈风等，尤以祈风石刻闻名于世。

宋代，伴随海上贸易的兴盛，泉州地方官吏和提举市舶司有共同为当时航行于南海和中国港湾之间的番舶祈求信风的惯例，并为“祈风典礼”纪念题字，计有十一段。其中有一段题刻是记载市舶司一年中两次为蕃舶祈风的。也就是说，这十一段石刻，共记载祈风典礼十二次。从时间上说，除北宋崇宁三年（1104 年）举行一次外，其余的多在南宋时期。

九日山的祈风摩崖石刻群，记载了从南宋淳熙元年（1174 年）至咸淳二年（1266 年）冬季遣舶和夏季回舶的祈风情况，由太守亲临主持，仪式隆重，市舶司市舶提举及其他官员参加，向海神通远王祈祝“蕃舶”一帆风顺、来往平安。

这批 12—13 世纪泉州地方政府主持航海祈风祭祀活动的石刻文字记录，是现存唯一的古代政府有关航海的国家祭典的石刻文字记录。作为海上丝绸之路的见证者，九日山祈风摩崖石刻是泉州海外交通的重要史绩，不仅记载了十二三世纪泉州港与东南亚、印度洋、波斯湾、东非海岸等地区海上经济贸易和人民之间交往的史实，还为泉州申报“海上丝绸之路·泉州史迹”世界文化遗产提供了不可多得的实物佐证。1988 年被中华人民共和国国务院公布为全国重点文物保护单位。1991 年联合国教科文组织“海上丝绸之路”综合考察团在此刻碑，“海交勒石无双地，丝路扬波第一帆”，显示出这片石刻群在海上丝绸之路史迹中的独特地位。

# 泉州天后宫

泉州天后宫位于泉州市鲤城区天后路一号，始建于南宋庆元二年（1196 年），坐北朝南，占地 7 200 多平方米。泉州天后宫主体建筑分布于南北中轴线及其两侧，依次有山门、戏台、东西阙、大殿（天后殿）、东西廊、寝殿、东西轩、东西凉亭和梳妆楼等。其中，以大殿和寝殿最有特色，其中大殿是供奉天后圣像的地方。天后宫历史上曾多次大修，现存建筑规模较大，保存较好，仍保留一些宋代构件和明清时代木构。

宋元时期，泉州海上交通发达，对外贸易繁荣。泉州逐渐成为妈祖信仰重要的传播中心，进而对东南亚以及台湾等多个地区的信仰产生了影响。明清时期，大量闽南人移居台湾，把泉州的妈祖信仰也带到了台湾，并在那里建庙奉祀，使妈祖成为台湾地区最主要的传统民间神祇。

泉州天后宫是我国现存古代建筑中年代最久、规模最大、规格最高的祭祀海神妈祖的庙宇，其建筑艺术高超，是海内外众多天后庙宇的建筑范本，也是妈祖信仰在泉州传播的载体。目前被国务院审定公布为全国重点文物保护单位的妈祖圣迹。

# 泉州海外交通史博物馆

泉州海外交通史博物馆位于福建省泉州市丰泽区开元寺东侧，于1959年7月15日建成开馆，1991年新馆落成，有开元寺馆和东湖新馆两个馆区。这是专门反映古代航海交通历史的博物馆，也是目前我国知名的以“古代海上丝绸之路”为主题的专题性博物馆，在国内外颇享盛名。博物馆以中世纪刺桐港即泉州港的历史为轴心，独特的海外交通历史文物，再现了中国古代海洋文化。

泉州地处福建东南海滨，是我国东南文化古城，也是我国古代对外交通的重要港口。

泉州海外交通史，也是我国与亚、非人民友好往来的历史，通过海上和平贸易，进行了经济文化交流。为整理这些历史资料并予以陈列，泉州海外交通史博物馆设有固定陈列七个，包括“泉州宗教石刻陈列馆”“中国舟船世界陈列馆”“阿拉伯-波斯人在泉州陈列馆”“泉州湾古船陈列馆”等，展出除国宝级文物宋代沉船及其大量伴随出土物外，还有数十根木、铁、石等古代锚具，数百方宋元时期的石刻，各个时期的外销陶瓷器，200多艘中国历代各水域的代表性船模，以及反映海外交通民俗文物的器物。这些珍贵的历史文物，集中反映了一千多年来泉州港对外贸易的整个发展过程。

经过长期的不懈努力，泉州海外交通史博物馆已经不仅仅是地区性海外交通史、地方史的研究中心，而且成为中国海外交通史研究的重要基地。它成功地创造了“一馆、一会、一刊”的模式，即该馆与1979年成立的“中国海外交通史研究会”联合主办学术刊物《海交史研究》，成为我国海外交通史研究方面重要的学术园地，在国内外学术界甚获好评。

# 集美大学

集美大学地处福建省厦门市，是福建省重点建设高校。学校办学始于著名爱国华侨陈嘉庚先生1918年创办的集美学校师范部和1920年创办的集美学校水产科、商科，至今已有百年历史。1994年，集美航海学院、集美财经高等专科学校、厦门水产学院、福建体育学院合并组建集美大学。

集美大学航海学院由陈嘉庚先生于1920年创办。这是中国历史悠久的航海类教育院校，在国内及东南亚具有广泛影响，被誉为“中国航海家的摇篮”。

在厦门集美航海学院内，坐落着五座“一”字形排列的楼群，依次为即温楼、明良楼、允恭楼、崇俭楼和克让楼。楼名取自《论语·学而》：“夫子温、良、恭、俭、让以得之。”借以希望学生能温和、善良、恭敬、俭朴、谦让。该楼群为陈嘉庚早期主持兴建的校园建筑，建筑以南洋风格为主。

俊朗明丽的允恭楼建于1923年，在航海学院中独树一帜，弥漫着浓郁的航海风情，外墙以粉白色为主色调，柱头、窗楣及栏杆作巴洛克式装饰，仿美国白宫样式，因此也被人亲切地称为“白楼”。一至三楼中部为外突半圆形敞廊，由六根罗马柱承托，楼顶有“乘风破浪”四个大字，一楼入口处置陈嘉庚先生雕像，楼前立着五亿年历史的南极石，系曾担任我国唯一南极破冰船船长袁绍宏等校友赠送。

允恭楼在抗战期间遭日军飞机轰炸受损，1945年底修复，1983年加高为四层。2006年被国务院公布为第六批全国重点文物保护单位。

从1923年至今，允恭楼已有95年的历史。在过去95年里，从这里走出了无数优秀的海员，未来也会迎接更多的航海学子。乘风破浪，是允恭楼对航海学子的寄望，也是对所有从事航海事业的人的美好祝愿。

# 漳州月港遗址

月港位于福建漳州，是明代中后期“海舶鳞集，商贾咸聚”的著名外贸通商港口。

漳州月港“外通海潮，内接山涧”，因其状似弯月而得名。明代以前，月港尚是个名不见经传的小渔村，至成化、弘治年间（1465—1505），月港已是“风回帆转，实贿填舟……巨贾竞骛争持”的“小苏杭”了。

隆庆元年（1567），明朝政府正式取消海禁，随即开放漳州月港为对外通商口岸，“准贩东西洋”。月港的地位得到了政府的确认，成为当时中国唯一合法的对外贸易港。此后，“闽人通番皆自漳州月港出洋”，月港作为我国东南沿海一个外贸港口迅速地繁荣起来。到万历年间（1573—1620）走向全盛，成为一个国际贸易港口。航线东达日本，南通菲律宾，西至马六甲，并与欧洲人开辟的新航路相连接，构成一个完整的环球航线。

从月港输出的货物主要有丝绸、布匹、瓷器、茶叶、砂糖、纸张、果品等，其中蜚声海外的“砂足器”“汕头器”“吴须赤绘”“交趾瓷”“饼花手”等各类漳州窑瓷器，不仅是月港外销商品的重要部分，同时也是中国传统文化的使者和载体，对中国文化的传播和人类文明的交流具有重要作用。

明景泰至天启年间（1450—1627），月港从兴起到繁荣昌盛近200年，在古代丝绸之路上留下了一段友好、互利、发展的历程，在我国外贸史上占有重要地位。

当年的港市遗址，今仍依稀可见。江岸一里多的古港口，还能见到7个古码头。东岸是督饷馆的附属机构——征收商品税的饷馆码头。西岸是供船只停靠的六个商用码头（路头尾码头、中股码头、容川码头、店仔尾码头、阿哥伯码头、溪尾码头，其中阿哥伯码头也做军用码头），在不到一公里的江岸线，密密麻麻地分布着诸多码头，可见当年月港的繁荣。

# 第九章

# 广东省

广东位于南岭以南，濒临南海，与海南隔海相望。其名由广南东路演变而来，简称“粤”，省会广州，是我国大陆南端的沿海省份，海域面积接近42万平方公里，海岸线长达3 300公里。

作为中国的南大门，广东拥有得天独厚的优势，是我国海上丝绸之路的发祥地之一，也是我国对外贸易最悠久、航运发展最为繁荣的地方之一。早在南越国时，已形成有相当规模的南海贸易，造船水平高，东西方海上交往的见证在史书记载、考古发现中比比皆是。到了汉代，中国船队已经穿越南海，在印度洋航行，到达了今天的斯里兰卡，更有大秦（罗马帝国）使团抵达汉朝，开辟了东西方海路通道。汉代的番禺、徐闻是我国海上丝绸之路最早的始发港之一。三国两晋南北朝时，为拓展外交、生存空间，江左政权都加强了对南海诸国的联系，中国与中南半岛的林邑、扶南等国，与锡兰、波斯、拜占庭、大秦商人的贸易交往，蔚为兴盛。交州、广州已经是当时非常著名的港口。到了隋唐时，随着整个国家空前的统一强大，广东的航运发展也更为繁荣。广州的南海神庙，正是在隋开皇十四年（594年）修建。唐时在广州设立市舶司，开创了古代海外贸易管理的新制度，也是海上丝绸之路进入兴盛期的重要标志。唐代的贾耽记录了唐朝海外交通中最重要的一条航线“广州通海夷道”，也是著名的国际航路：从广州出发经马六甲越印度洋到达波斯湾、霍尔木兹海峡、阿曼湾、亚丁湾，直抵非洲东海岸。这是当时世界最长的远洋航线，也是中国连接东南亚、南亚、西亚和东非地区的重要纽带。宋元时，人们对于海洋的认知、航海技术的发展、海外贸易的规模更进一步发展。以怀圣寺为中心，番坊聚居的外国商人越来越多，“南海Ⅰ号”的沉船文物可达16万到18万件，可见当时庞大贸易规模之一斑。15世纪以后，“地理大发现”开启了世界海上交往的新时代，明清时代的航运发展，无论内涵、规模和影响，都发生了重大变化。粤海关设置，十三行开办，广州曾经一度处于“一口通商”的垄断地位。

广东的航运文化具有悠久的历史继承性和鲜明的地域特色。广州作为世界航运历史上历久不衰的东方大港，影响深远，至今仍然发挥着不可替代的作用。随着社会历史的发展，广东航运以广州为轴心，形成了纵横南海，贯通西、北、东三江，兼带岭北的巨大水上运输网络。在新的时期，作为21世纪海上丝绸之路的重要节点和前沿，广东航运必将带来新的变化和发展。

# 南海神庙

南海神庙坐落在广州市黄埔区庙头，始建于隋开皇十四年（公元594年）。

南海神庙所祀南海神，又称祝融。古庙地处珠江出海口，中外海船出入广州，按例都要到庙中祭拜南海神，祈求出入平安，一帆风顺。自隋唐以来，历代皇帝都派官员到南海神庙举行祭典，留下了不少珍贵的碑刻，如唐代韩愈撰“南海神广利王庙碑”等，素有“南方碑林”之称。

庙宇规模宏大，占地面积3万余平方米，中轴线上由南而北依次为牌坊、头门、仪门、礼亭、大殿和昭灵宫，两侧有廊庑；西南章丘岗上有浴日亭，亭内立有苏东坡和陈白沙的诗碑。庙内东复廊有一座达奚司空塑像，举左手于额前作遥望大海状，俗称“番鬼望波罗”。相传他从古波罗国乘海船到广州，携来波罗树种植于庙内，后化为神，南海神庙因此又称为波罗庙。每年庙会“波罗诞”是南海神的诞辰，诞期为农历的二月十一日至十三日。作为广东海洋文化的民间盛会，千年庙会成为了国家级非物质文化遗产。2013年，南海神庙被列为全国重点文物保护单位。

2005年在南海神庙周边环境整治过程中，考古专家在庙西南侧发掘出明代古码头遗址，遗址由码头、道路、小桥构成，全长125米，东西宽5.5米，长条形的红砂岩砌筑而成，由南到北延伸至浴日亭脚下。经专家考证，这是目前广州地区乃至珠江三角洲一带保存最完整、规模最大的明代码头遗址。2006年又发现清代码头遗址。明清古码头遗址的发现，是广东海上交通贸易往来的又一个历史见证，进一步提升了南海神庙的历史文化价值。

南海神庙是中国四大海神庙中唯一保存下来的规模最大、最完整的海神庙，是中国古代皇家祭祀海神的场所，在对外交通贸易中起着重要的作用，是对外贸易交往的历史见证和重要史迹。

# 怀圣寺光塔

怀圣寺光塔位于广东省广州市越秀区光塔路怀圣寺院西南隅，与寺并立。光塔属于伊斯兰的特色建筑，是清真寺的主要组成部分。塔高 36 米，用砖石砌成，底为圆形，直径 7.5 米，表面涂抹灰沙，开有几个长方形小孔采光。圆柱形塔身，不分层级，逐渐向上收分，有梯两条，各自连通前后塔门，沿螺旋形阶梯而上可登塔顶露天平台。在平台正中又有一段圆形小塔。塔顶原有金鸡一具，可随风旋转以测风向，后为飓风所吹毁，遂改为今状的葫芦形宝顶，为 1934 年重修。

光塔原名番塔、呼礼塔，也叫怀圣塔，波斯语音读作“邦克塔”。又说当时塔离珠江不远，该处一带又是番市码头。入夜，塔顶悬灯，以利导航和船泊，故称“光塔”。据《羊城古钞》载，古代“每岁五六月，番人望海舶至，以鼓登顶呼号，以祈风信”。可见，光塔在当年是非常重要的船舶导航标志，并有祈风测风、指示风向的作用。

怀圣寺是伊斯兰教传入我国后最早建立的清真寺之一。为纪念伊斯兰教创始人——“至圣”穆罕默德，故名怀圣寺。又因寺内有一光身柱形塔，故又称光塔寺。寺院坐北朝南，占地约 2 966 平方米，主轴线上依次为：三道门、看月楼、礼拜殿和藏经阁。光塔则在寺的西南角，还有回廊和碑亭。怀圣寺与光塔同为唐宋时期广州蕃坊内的重要建筑，寺塔合一，是唐宋以来到广州贸易、定居的阿拉伯人最重要的宗教活动场所，是广州作为伊斯兰教通过海路传播到中国的第一站的直接见证。1996 年被公布为全国重点文物保护单位。

# 琶洲塔

琶洲塔又称海鳌塔，位于广州市海珠区新港东路琶洲村，靠近珠江边。塔建于明万历二十五年（1597年），历三年落成。塔呈八角楼阁式，青砖砌筑，内膛为八角直井式，外观9级，内分17层，高50余米。塔基呈八角形，每边长5.6米，为红砂岩所砌，每边立面刻划八卦纹式，基角处有西方人形象的托塔力士，力士呈跪像，神态生动，刻工古朴，为明代石雕佳作。塔基直径12.7米，第二层起，每层相对错开，各面设有佛龛。当年，在琶洲未与珠江南岸相连时，岗顶的琶洲塔俨如中流砥柱。故该塔为清代羊城八景之一，有“琶洲砥柱”的美誉。

琶洲原称琵琶洲，原为珠江中沙洲，因其地处珠江要道，故又被称为“会城水口”。琶洲塔本来是作为风水塔而建立的。明代中期以后，珠江往来航船密集。当年若是乘船从珠江口进入广州，必定会看见这座犹如中流砥柱的琶洲塔。因此，琶洲塔也逐渐作为船舶导航的标志，引领着无数船只由南海入珠江进广州，再到中国各地，见证了中外交通的繁盛景象，成为广州海上丝绸之路的重要遗址。1989年，被列为广东省文物保护单位。

# 黄埔古港遗址

黄埔古港位于广州市海珠区，南临黄埔冲，水域紧靠珠江主航道，在此设港通商为理想之地。

自宋代以后，黄埔古港长期在海外贸易中扮演重要角色。南宋时此地已是“海舶所集之地”。明清以后，黄埔村逐步发展成为广州对外贸易的外港。清康熙二十四年（1685年），政府在黄埔设立海关，确立黄埔港的地位。乾隆二十二年（1757年）开始，广州一口通商，期间黄埔古港迅速发展，税馆、夷务所、买办馆纷纷设立，外国商船必须在此办好报关纳税等手续后，才能进入广州交易。期间停泊在黄埔古港的外国商船多达五千多艘。后来因河道堵塞变窄，港口迁至长洲岛，沿用黄埔港名。今黄埔石基河口一带水域，就是历史上著名的粤海关黄埔税口。现在岸边仍保留一条“海傍街”，从前紧靠码头，是一个繁闹的集市，商铺林立，现在村民建房还不时挖出当时的木桩和桩基。附近还散落着大量的石碑和外国海员、商人的墓碑，并有多种文字的碑文。黄埔古港兴盛的时候，正是17—19世纪广州海外贸易最为鼎盛的时期，也是近代西方商人津津乐道的“对华贸易的黄金时代”。

现在黄埔古港已开发为历史文化公园型景观，分为四个功能区，即纪念展示区、古港公园区、栈道餐饮区及村头广场区，集展示、传播、娱乐、休闲于一体。其中粤海第一关纪念馆，是黄埔古港景观区依据历史资料原貌修建的仿古建筑群。馆内展览以图片、实物、模型、蜡像、电子影像等形式，让观众了解广州海上丝路的发展历史。纪念馆主体建筑包括二层前后两进的黄埔税馆、永靖兵营、买办馆和“古港遗风”纪念牌坊。

# 粤海关大楼

粤海关大楼俗称大钟楼，位于广州市荔湾区沿江西路，濒临珠江。1914 年 3 月 28 日奠基，由海关总税务司、英籍总工程师大卫·迪克规划，英国建筑师阿诺特·查尔斯·达德利设计，华昌工程公司承建，1916 年 5 月竣工。

整个建筑呈现出典型的欧洲新古典主义风貌，坐西北朝东南，为四层钢筋混凝土结构建筑，平面呈平行四边形。该楼东南立面以花岗岩砌筑，西北立面以红砖砌筑，大门两侧以高大双柱、倚柱承托山花、拱券，券拱上书“粤海关”三字。巨型罗马柱通贯二三层，回廊环绕，顶筑穹窿形钟楼，钟楼内置 1915 年英国制造的四面机械大钟。2006 年，粤海关大楼被国务院批准为第六批全国重点文物保护单位。

康熙二十四年（1685 年），清政府解除海禁，在广东、福建、浙江和江苏分别设立粤海关、闽海关、浙海关和江海关，负责对外贸易和税收。乾隆二十二年（1757 年），关闭闽、浙、江海关，仅留广州与西方进行通商贸易，粤海关从此长期处于垄断地位。早期关址在五仙门内，为传统衙门式建筑。鸦片战争后，粤海关为西洋人所掌管，关址也变迁。粤海关大楼见证了中国海关从清朝到建国的发展历程，也是广东航运文化地标中非常有代表性的一处史迹，对于研究中外航海交流历史、海上丝绸之路历史，具有重要意义。

# 广州十三行博物馆

广州十三行博物馆位于清代十三行商馆区遗址之上（今广州市荔湾区西堤二马路37号广州文化公园内），占地3 060平方米，总建筑面积6 090平方米，现馆藏文物1 700多件（套）。其“清代广州十三行历史展”由“开海设关”“十三行风貌”“十三行行商”“十三行贸易”“中西汇流”和“走向近代”等六大部分组成。展览以大量珍贵的历史文献史料和海内外遗存的文物，系统地展示十三行对欧美“唯一通商”贸易口岸近百年历史的景况，同时反映了中国对外贸易、广州商人群体、东学西传和西学东渐等历史发展，展示了粤商敢为人先、包容务实、锐意进取的精神以及岭南人海纳百川的开放理念，激励着广州人民在谱写21世纪海上丝绸之路新篇章的征程上不断前进。

广州十三行创立于康熙盛世，是清政府特许经营对外贸易的专业商行，别名“洋货行”“洋行”，被誉为“金山珠海，天子南库”。十三行口岸洋船聚集，这处位于珠江边上的中外交易场所，几乎与亚洲、欧洲、美洲的主要国家和地区都发生过直接的贸易关系。这里是清政府闭关政策下活跃的对外贸易机构，鼎盛一时，也见证了当年广州海外贸易、航运发展的辉煌历史。

# 广州港

广州港位于中国南大门，雄踞珠江入海口，毗邻香港、澳门，是珠江三角洲区域的出海通道和中国最重要的对外贸易口岸之一。广州港历史悠久，与广州相伴而生。作为古代“海上丝绸之路”的起点之一以及清代“一口通商”之地，广州港一直都是中国重要的对外交流和通商口岸。新中国成立后，经过不懈努力和建设，广州港已成为世界级大港。

广州港由海港和内河港组成。广州海港包括内港港区、黄埔港区、新沙港区、南沙港区等港区和珠江口水域锚地，广州内河港由番禺、五和、新塘等港区组成。广州港航线遍布全球，已通达世界100多个国家和地区的400多个港口，每年的货物吞吐量、集装箱量都处于国内领先地位。

广州港集团有限公司是广州港发展的龙头和骨干企业，是广州建设国际航运中心、实施航运枢纽战略的主力军。作为全国沿海主要港口和集装箱干线港，广州港是华南沿海功能最全、规模最大、辐射范围最广的综合性枢纽港，在引领航运发展、助推区域繁荣、参与国际竞争等方面，发挥着重要的带动和辐射作用。

# 潮海关旧址

潮海关旧址（钟楼）位于广东省汕头市外马路2号，是目前汕头市区为数不多尚保存完好的民国初期建筑，是汕头辟为通商口岸的重要标志之一，也是近现代航运文化的重要史迹及代表性建筑。

钟楼为两层钢筋混凝土结构红砖洋楼，建筑面积1 556.2平方米，长方体结构，三面环内室走廊，正门整个门框从地下直达楼顶，为花岗岩构成。由于潮海关办公楼配套报时洋钟，每隔一小时报时，成为当时外轮通关及汕头报时的标准时间。海关钟楼也因此而得名。

汕头是我国沿海最早设关的口岸之一。海关前身为潮海关，建于1860年1月，地址最初设在妈屿岛，1865年迁入汕头埠内。后随着业务发展、人员扩充，又于1919年填土建筑新办公楼及验货厂，即现在的钟楼，于1921年建成并迁入办公。

潮海关自成立起，其管理权被洋税务司掌管近90年，期间包揽关税征收、海务、港务、检疫、邮政等事务。20世纪20年代汕头港迎来了辉煌时期，远洋航线四通八达，其经济腹地涵盖粤东、赣南及闽西南。日、德、法、美、俄等国家的洋商入驻。20世纪30年代高峰期，汕头港口进出口船舶吨位数居全国第三。1949年10月24日汕头解放，潮海关终于回到人民手中，1950年2月14日，潮海关更名为汕头海关。潮海关钟楼经历了百年沧桑，凝聚了汕头港对外贸易发展的缩影，见证了汕头航运发展的变迁历史。

该钟楼1994年被汕头市政府列为市级文物保护单位，2007年汕头海关对其进行原貌修复，改建成汕头海关关史陈列馆，并于2008年10月22日正式对外开放。近年来，汕头海关关史陈列馆已经成为汕头海关乃至汕头对外文化交流的重要平台。2010年被列为广东省文物保护单位。

# 招商局历史博物馆

招商局历史博物馆位于深圳蛇口，于 2004 年 9 月 6 日举行揭牌仪式。这是深圳市第一家反映企业历史的博物馆，填补了深圳市企业创办行业博物馆的空白。

创立于 1872 年的招商局，开创了中国近代民族航运业先河，也创造了民族航运史上无数个第一。一百多年来，几经沉浮，1978 年总部位于香港的招商局，响应国家号召，投身改革开放。1979 年在深圳开发了中国第一个对外开放工业区——蛇口工业区，在海内外产生广泛影响为中国改革开放事业探索提供了有益经验。

招商局历史博物馆占地面积达 3 430 平方米，建筑面积达 6 153 平方米，展览总面积近 1 000 平方米，设立了招商局历史主题展览和有关港航、历史建筑、印章等专题展览，展出了包括李鸿章创立招商局的奏折等近 400 件文物，对研究招商局史、中国交通发展史、民族工商业发展史、近现代经济史等具有重要意义。

招商局历史博物馆自设立以来，与时俱进，不断挖掘、补充史料，进一步丰富馆藏和展示的内容。展示了招商局深厚的文化底蕴和崇高的企业精神，彰显了招商局人始终关心和关注社会、胸怀国家民族的理念和担当精神，突出了招商局“与祖国共命运，同时代共发展”的核心价值观。这是对轮船招商局百年精神最好的继承和弘扬，也是深圳航运文化最有意义的代表之一。

# 广东海上丝绸之路博物馆

广东海上丝绸之路博物馆坐落于广东省阳江市海陵岛十里银滩，于2009年开馆。该馆是以“南海Ⅰ号”宋代古沉船发掘、保护、展示与研究为主题，展现考古现场发掘动态的专题博物馆。

博物馆主体建筑占地面积12 288平方米，建筑面积20 500平方米。馆内基本陈列“丝路船说——南海Ⅰ号的前世今生”面积达到10 000多平方米，展线长1 500多米，展出文物超过2 000件。展览紧紧围绕“南海Ⅰ号”主题，展现其发现、水下发掘探摸、整体打捞、保护发掘等历程，分扬帆、沉没、探秘、出水、价值、遗珍、成果七个展区。展品包括充满异域风情的黄金饰品、朴素典雅的中国陶瓷、极其罕见的宋代漆器等。

阳江位于广东西南沿海，扼粤西要冲。海岸线长341.5千米，主要岛屿有30个，最长河流为漠阳江（广东六大江河之一），南北贯穿阳江，自北向南流入南海。自古水运发达，通江达海。“南海Ⅰ号”古沉船于1987年在阳江海域附近被发掘，2007年12月28日成功实现了世界首创的整体打捞，移放在海丝馆的“水晶宫”。2013年11月28日，“南海Ⅰ号”的全面保护发掘正式启动。到目前为止，“南海Ⅰ号”共发掘出各类文物18万余件。考古发掘确认“南海Ⅰ号”是一条满载各类货物的南宋沉船，残长22米、宽9米，共发现15道隔舱，属于我国古代三大船型之一的福船类型。“南海Ⅰ号”考古成果为造船史、陶瓷史、航运史、贸易史等领域的研究提供了珍贵的考古实物资料。

# 舢舨洲灯塔

舢舨洲灯塔初建于1915年，1987年重建，为当年广州海关所建。灯塔出自法国设计师之手，被誉为“珠江口上的夜明珠”。灯塔耸立于舢舨洲礁的顶部，因礁得名。塔高13米，灯高31.5米，射程18海里。它是中国航标灯塔中少见的塔楼合一的建筑，状似手枪，高5层，为钢筋混凝土结构，设计十分巧妙。

灯塔为方形砖塔，呈乳白色，本地人称为“白灯楼”，在珠江口的蓝天碧海间，显得异常醒目。虽经百年沧桑，但房屋依然坚固，木门窗、铁板等很多部件仍然是初建时的原物件。室内楼顶呈圆锥形，四周墙壁构成一个约5平方米的圆形楼阁，放置着两架巨大的嵌有透明玻璃的灯具，灯具是由发光器和光辐射器两个基本部分构成，夜间便将光线直射四方。1982年，舢舨洲灯塔成为我国第一批采用太阳能蓄电池供电系统供电的灯塔，此后又陆续安装了雷达装置、风力发电机、电雾号等最新式设备，可在任何天气下全天候提醒过往船舶注意安全，成为集视觉、音响、无线电航标于一体的特大型灯塔。

舢舨洲位于广州市南沙区东南，处于珠江口和伶仃洋交汇处，虎门水道与蕉门水道出海处之间，是广州港出海主航道喇叭口上的一座孤岛。舢舨洲灯塔扼守珠江口主航道，地理位置十分重要，是船舶进出广州港的必经之路。舢舨洲灯塔已矗立于珠江口一百余年，至今仍在茫茫长夜中指引着进出广州港的无数航船，是为数不多的一座还在使用的“活”的百年老灯塔。目前，舢舨洲灯塔已进入广州市不可移动文物名录，并获中国航海学会首批“航海科普教育基地”。

# 蚊尾洲灯塔

蚊尾洲灯塔位于广东省珠海市佳蓬列岛西南端，由英国人建造，始建于1892年。塔高18米，灯高43米，射程15海里。为白色圆形石砌塔，建筑风格独特，是保存较为完整的百年老灯塔。1986年改造，采用太阳能电源供电系统，装有雷达应答器。

蚊尾洲岛，又名马尾洲，是珠江口外突向南海前沿的一座孤立小岛，因该岛是佳蓬列岛中排列最尾的小岛，因此得名（当地渔民说“蚊尾”即最尾之意）。面积仅千余平方米，海拔27.7米，是粤港澳大湾区（珠江口水域）距离大陆最远的岛屿。它东北距香港20余海里，西北距珠江口18海里，扼守由东南亚一带往香港、澳门及黄埔港等地的航道，是船舶进出珠江口的一个重要转向标志，地理位置十分重要。灯塔见证了香港乃至珠三角的航运历史变迁，具有独具特色的历史文化价值。2011年被列为珠海市文物保护单位。

# 硇洲灯塔

硇洲灯塔位于广东省湛江市东南角海上的一个火山岛——硇洲岛上，塔以岛命名。该塔始建于清光绪二十五年（1899年），历时五年，至1903年竣工，由广州湾法国公使署主持设计和建造。灯塔由塔座、塔身和灯具三部分组成，通高约23米，灯高103米，射程26海里。灯塔由麻石（玄武岩）砌成，榫卯结构相当牢固，质地坚硬。塔座平面正方形，边长4.8米，高5.9米。塔身呈圆柱形，高16.05米，设若干窗洞，外环平台置栏杆。塔的顶部是鼓圆形，突出于塔身的灯座室。塔内直径2.6米，一个圆石柱从地基直矗顶端，自壁内围绕中心柱以60余块经过精细加工的麻石按一定的角度错位逐块堆砌，螺旋而上至平台，再入灯具内。台阶外端则与塔身外墙巧妙连接，可谓巧夺天工。1996年该塔被公布为全国重点文物保护单位，并被列入湛江八景之一。作为世界上仅有的两座水晶磨镜灯塔之一，硇洲灯塔与伦敦灯塔、好望角灯塔齐名，被誉为世界三大灯塔。它也是全国首批航海科普教育基地之一。

灯塔的中央底部设一封闭式能转动的托盘，内置水银，承托着整个灯座架。灯具用160块三棱水晶镜片组成如蚌状灯罩，中置凸透镜。原来由发条牵引旋转，使灯光通过三棱水晶镜汇聚成强大的光束，光源为1 000瓦水银灯泡，光弧方位360°。1984年改用马达启动转速箱带转，控制灯具转速为5秒周期。硇洲灯塔是国际著名航标灯塔之一，至今仍作为中外船舶来往湛江导航之用。

# 滘尾角灯塔

滘尾角灯塔位于广东省湛江市徐闻县角尾乡的一个岬角上，始建于1893年。

原塔为铁架结构，该塔在抗日战争时期被炸毁。后又于原址重建木质灯桩，灯器为煤油灯。1953年，重建为铁架结构。1979年进行重建，改为石砌塔身。随着航运事业的发展，原来低矮陈旧的桩身已不适应航海保障的需要。1995年重新建造滘尾角灯塔，塔高32米，灯高34米，射程18海里，为钢筋混凝土结构，形似欲向天而射的火箭，雄伟壮观。

灯塔是进出琼州海峡西口的识别目标及转向点目标，对于船舶的导航避碰有着重要意义。该灯塔所处位置是当年解放军解放海南的出发地，位于大陆最南端的岬角，因其地理位置独特，周围古树参天，风景宜人，已被当地政府列为旅游景点之一，并在灯塔上镶嵌“中国大陆最南端”字样。

# 第十章 广西壮族自治区

广西简称“桂”，地处中国南方沿海，所辖海域面积约 6.28 万平方千米，占中国海域面积最大的北部湾海域面积的 48.6%。其海岸线位于我国海岸线的西南端，东与广东省廉江县英罗港交界，西达北仑河口，与越南交界。

广西沿海是中国南部的海防要地，有“古来征战第一线”之说。历经千年，这里留下了许多战争遗迹和遗存：伏波将军马援的活动遗址、伏波庙会遗址、白龙古炮台、水师营遗址、刘永福和冯子材故居及其英雄故事，展现了可歌可泣的守边卫国、抗击外侮的海疆文化。

广西沿海北枕山地，南濒海洋，是中国目前唯一拥有三条海上古运河的地区，是中国海上古运河的发源地，也是古代“海上丝绸之路”“海上陶瓷之路”的重要转运地，其水运交通历史悠远。尤其是自唐朝设岭南道管理今广东、广西两省区后，广西沿海对外交通不断得到发展，开辟了广西沿海从陆上通往越南北部的道路。宋朝时，北方动荡，南方相对稳定，中原人移居广西沿海，使得对外贸易空前繁荣。元朝设置市舶司对广西港口进行管理，吸引了大批中原人在此贸易。明初市舶制度对朝贡贸易进行了严格的规定，在一定程度上限制了广西沿海的对外发展，明中后期至清中期，实行的“洋禁”“海禁”政策，广西沿海地区的官方贸易基本消失。近代之后，国内外经济发展趋势迫使清政府渐次开放沿海沿江口岸，广西北海于 1876 年开埠并成为西南地区对外贸易的门户。

当前，在国家“一带一路”建设背景下，作为中国西部唯一拥有出海口的省区，广西山海相连，区位优势突出，一直是中国与东盟各国的合作高地。发挥广西在航运文化领域的重要作用，对于服务 21 世纪海上丝绸之路具有重要意义。

# 北海海关大楼

北海海关解放前称“北海关”，是广西“四大关”中最早建立的海关。因海关大权操纵在洋人手里，故又称洋关。

1876年9月13日，英国以“马嘉里事件”为借口，强迫中国政府签订了《烟台条约》。根据条约“通商事务”第一款相关规定，北海被正式辟为对外通商口岸。1877年3月18日，英国在北海设领事馆，英人李华达出任北海关（洋关）税务司。随后，法国、德国、奥地利、日本、美国等相继在北海设立租界、领事馆等，西方诸国凭借手中掌握的海关、港务和航运大权，操纵北海的经济命脉，北海关成为西方列强推销洋货和掠夺原料的工具。以法国、德国、英国为代表的西人大量涌入北海。西人进入北海进行传教等活动的同时，客观上传播了西方先进文化，并涌现了大批洋人建造的西洋建筑。

洋关大楼建于1883年，1877年至1936年的50多年间，关税收入达900多万关平银两。这些关税全部上缴作为不平等条约的赔款。当时北海关名义上是清政府所设，实际上是英国等西方势力所控制的工具。现存旧址位于市海关大院内，是一座边长为18米的方形西洋建筑，高三层，建筑面积1 000平方米，主体建筑保存尚好。

# 东兴口岸

东兴市现属广西防城港市辖区，位于我国大陆海岸线最西南端，东南濒临北部湾，西面与越南接壤，其边境贸易历史悠久。

先秦时期属于百越之地，秦始皇统一岭南后，东兴属象郡所辖；隋唐时为钦州辖地，宋时仍隶属钦州管辖，并开始有“防城”之称；至清朝光绪十四年（公元 1888 年）划出钦州西部设置防城县，隶属广东省。清朝光绪年间，东兴与越南的边民就开始互市贸易。在 20 世纪三四十年代，东兴成为我国与东南亚及美国、英国、法国等国的重要通商口岸，因商贾云集，市场繁荣，曾有“小香港”之称。

1958 年，国务院批准东兴口岸对外开放，其对应口岸是越南芒街口岸。据统计，每年经东兴口岸出入境经商、旅游人数达 1 200 万人次以上，东兴口岸出入境人数仅次于深圳罗湖口岸和珠海拱北口岸，成为我国陆地出入境人数最多的第三大口岸。作为广西乃至中国通往越南以及东南亚最便捷的通道，东兴也是中国与东盟唯一海陆相连的口岸城市，号称“南国门户”，在新世纪我国与东南亚航运贸易中发挥着重要的作用。

# 西坑古运河

西坑古运河位于钦州市钦南区犀牛脚镇西坑村委龙眼山村，北面连接大风江，南连大灶江，南北走向，水从北向南流。现遗存运河长约5公里。最宽处约12米，最窄处约10米。据史载，该运河可能为东汉马援所挖。马援征交趾时，驻军合浦运粮，开挖此河可通龙门七十二径，直抵钦城。从清版《钦州志》的相关记载“九河渡，在州东之岭门村侧……东通大观港，西达龙门……疏为运粮道”可见，直至清代，反清武装杨彦迪的军队与清军周旋时还在使用该运河。该运河是钦州第三次文物普查的重大发现，是研究历史事件的重要见证。

# 潭蓬运河遗址

潭蓬运河位于今广西防城港市江山半岛潭蓬村和潭西村之间，连通今潭蓬湾和万淞港。运河宽数米，长约10千米，拦腰穿过江山半岛，是沟通防城港和珍珠港的海上运河。运河开通后，从防城港到珍珠港的船只不但可避开外海风浪，且可以缩短一半的航程。

古文献曾将该运河称为“天威径”或“天威遥”。因运河所经之处仙人坳全是海石结构的丘陵，工程浩大，若非仙人，在古代实在难以开凿，因而被称为“仙人垅”。据唐代裴铏的《天威径新凿海派碑》所载，唐代有安南都护三人尝试开凿天威径。根据《唐刺史考·安南都护》考证，结合开元至咸通年间在安南任职的官员情况，很可能是安南都护张舟所开凿运河。唐代文学家柳宗元为张舟写的墓志铭对此有相关描述。唐咸通年间，高骈疏通了潭蓬运河。自公元10世纪起，安南独立，多次侵略中国边疆，“天威遥”逐渐被废弃了，现仅遗留下潭蓬水库一段。1982年，该遗址被定为广西壮族自治区一级保护文物。

# 伏波庙

伏波庙是广西沿海地区地方民众用以祭拜东汉伏波将军马援南征交趾定疆界、平乱安民、疏河通航的庙宇。在广西沿海的伏波庙中，以钦州乌雷伏波庙与防城港市东兴市罗浮垌伏波庙较为典型。

乌雷伏波庙（又称乌雷庙）位于钦州市钦南区犀牛脚镇三娘湾渔村西面约 3 000 米处、大乌雷岭之南。由于马援平二征叛乱功绩卓著，汉章帝刘炟于建初三年（公元 78 年）追谥“忠诚侯”并诏“所在皆为立庙”。庙始建于东汉年间，后经多次修葺或扩建，现庙宇占地面积达 1 625 平方米，建筑面积近 600 平方米。

东兴罗浮垌伏波庙位于东兴市，建于清光绪十六年（1890 年），是广西沿海较有影响的伏波庙。每年正月初四至初八，都会再次举行伏波庙会，当地群众开怀畅饮，气氛融洽。罗浮垌伏波庙会同样具备着其他地方庙会的祭祀、娱乐等功能。

# 天妃宫

宋代时，由于历朝中央政府对妈祖神的尊封，加速了天后信仰在全国范围内的传播。古代广西沿海的廉州城、钦州城、灵山城以及合浦白沙、涠洲、钦州龙门、东兴、小江等地的海岸、岛屿及通江达海的沿岸处多设天妃庙。清代时广西天后宫分布相当广泛，约有 60 余处，遍及各府州县，地理分布呈现东多西少的空间差异。在广西一些地区，天后信仰还衍生出与其相关的神灵信仰，如“三婆婆”。现存有北海涠洲岛的三婆庙、合浦乾江天后宫、海角亭天妃庙等，其中规模最大的是乾江天后宫。

乾江天后宫占地面积超过 400 平方米，为三进式三开间两廊布局，建筑格局为木梁结构。它约建于清同治三年（1864 年）三月，其最具魅力之处，不在于它的年代久远，而在于它规模庞大、工艺精致和布局豪华，在北海当地首屈一指。海角亭天妃庙位于西门江畔海角亭后，也是北部湾地区较早的天妃庙，明代隆庆年间让位给了海角亭。

涠洲三婆庙位于涠洲岛海边，面海背山，利用海蚀洞做天然屏障，庙与岩洞巧妙结合在一起，始建于 1732 年，初时为一天然石室，80 年代由当地渔民商号集资重建。庙内保存着同治三年（1864 年）重修庙时的碑记，碑文提及三婆曾显灵救了剿匪遇难的清兵。涠洲岛每年年末都举行一次三婆出游活动，涠洲岛热闹非凡。庙内香火不断，求签者络绎不绝。

广西地区的天妃宫具有鲜明的地域特色，反映了广西地区沿海民众对于海神信仰习俗以及历史传播，为了解研究广西地区的海洋文化与习俗提供了宝贵的遗存资料。

# 冠头岭灯塔

冠头岭灯塔位于广西北海市郊的冠头岭国家森林公园内，始建于1922年，塔高13米，灯高121米，射程18海里，方形砖塔结构。该灯塔被称为“冠岭明珠”，是北海港航线上的重要方向标，是北海海运史的一个重要里程碑。该灯塔是国内为数不多的楼层式方形历史灯塔，见证了自民国以来广东、广西建设北海的历史，被列为北海市文物保护单位。

# 白苏岩灯塔

白苏岩灯塔位于中越海上边境附近，是我国位置最西端的海上灯塔。

白苏岩是海外船舶进入防城港的必经之地。20 世纪 60 年代，中国大量的援越物资从此经过运往越南，越南的橡胶和农产品也经由到东兴、防城等地转到内陆。此处航运、贸易频繁兴盛。灯塔航标对于船舶航行的安全非常重要。

白苏岩灯塔原来是一座灯桩。1979 年，灯桩一度被炸毁。新灯塔于 2009 年建成，塔高 19 米，灯高 22.3 米，射程 18 海里，成为我国南海边防前沿的重要助导航标志，是北部湾经济区的新门户。

# 灵渠

灵渠古称秦凿渠、零渠、陡河、兴安运河、湘桂运河。位于今广西桂林市兴安县境内，是2200年前秦代修建的一条古老运河。灵渠开凿于秦始皇三十三年（公元前214年），修建灵渠在当时是为了给秦军平定岭南提供后勤保障。

灵渠工程分铧嘴、大小天平、南北渠、泄水天平和陡门五个部分。铧嘴筑于大小天平之前，形似铧犁，其目的是使湘水“三七分派”，即三分水由南渠进入漓江，七分水由北渠重新注入湘江。大小天平呈人字形，为拦河滚水坝。南北二渠是沟通湘江和漓江的渠道。泄水天平分别位于南北二渠上，为大小天平的补充，用于大汛时的二次泄洪。南北渠道上还建有多个陡门。所谓陡门，就是古代的船闸，通过陡门的开启与封闭，调节水位，保证南来北往船只不受水位落差影响而顺利通行。

灵渠沟通湘江、漓江，打通了南北水上通道，构成了遍布华东、华南的水运网，成为古代湖广连接岭南的重要水上枢纽。自秦以来，对巩固国家的统一，加强南北政治、经济、文化的交流，密切各族人民的往来，发挥了巨大作用。

# 北部湾海洋文化博物馆

北部湾海洋文化博物馆即防城港市博物馆，位于防城港市行政中心区和谐西街，占地面积42亩，建筑面积15 975平方米，展览面积约7 000平方米，是一座以本土历史及民族民俗为主题，兼以展示北部湾海洋文化的综合性地级市博物馆。

博物馆主体建筑以海螺为设计原型，外观及内部装修以蓝色为主色调，旨在凸显防城港滨海文化特色。基本展览由“神奇斑斓的海洋生态”“璀璨多姿的海洋文化”“悠久丰厚的防城港历史与民俗”“边风·海俗·山韵——防城港非物质文化遗产”四部分组成。馆藏文物8 000多件，种类包含历史、民族、民俗以及海洋动植物标本等，其中除特色藏品除铜鼓、羊角钮钟外，还有“大清国钦州界”碑、京族水烟煲等独具特色的地方文物。

自2017年9月30日开馆至今，产生了良好的社会效应，成为广大市民和外地游客了解防城港及防城港文化的重要窗口和休闲、旅游的目的地之一，也成为中小学生学习本土文化的重要基地。

# 第十一章 海南省

海南省位于中国最南端，北以琼州海峡与广东省划界，西临北部湾与广西壮族自治区和越南相对，东濒南海与台湾省对望，东南和南边在南海中与菲律宾、文莱和马来西亚为邻。省内的三沙市是中国地理位置最南、总面积最大（含海域面积）、陆地面积最小且人口最少的地级区划。海南省下辖 4 个地级市、5 个县级市、4 个县、6 个自治县。

海南省陆地（主要包括海南岛和西沙群岛、中沙群岛、南沙群岛）总面积 3.54 万平方公里，海域面积约 200 万平方公里。海南经济特区是中国最大的，也是目前唯一的省级经济特区。北有海口港，琼州海峡轮渡是连接海峡两岸的交通生命线。东部清澜港，是三沙市补给基地、文昌航天发射中心中转枢纽、海南第二大渔港。南部三亚港是全国著名沿海旅游城市，海洋旅游业发达；西部八所港，与东南亚隔海相望，是海南岛重要的散货海运港口。西北部洋浦港，依托洋浦经济开发区所建，现有 30 万吨级油品码头 2 座，是海南唯一可停靠大型 LNG 船舶的重要港口。

南海水域是海上丝绸之路的重要通道，海南在海上丝绸之路中发挥了积极作用。历史上，南海海上丝绸之路，先后在海南岛的西部、东部和南部三个水域上交替进行：一是秦汉时期，以合浦、徐闻港为始发港及北部湾水域为主体的西线通道；二是唐代中后期，以广州为始发港及海南东部水域为主体的东线通道；三是以西沙群岛为航线的南部水域，至迟在唐代就已经显现，宋代逐渐形成，明代郑和下西洋而达到极盛。海南是南海丝绸之路东、西、南航线的重要门户所在，该通道自西向东的转移，对海南产生了深远的影响。岛内开发程度也随之产生较大的变化。基本上按照西部和北部、东部及南部周边沿海台地开发，并不断向岛内中西部地区推进。

环绕在本岛周围浩瀚的南海，一直是海南沿海居民赖以生存的重要区域。无论是“南来”“北往”，抑或是“西进”的黎族先民、多源流的疍民、来自占城后来以“所三亚里”为聚集地的伊斯兰群体，还是以闽南为主兼及其他迁出地的汉族等，他们是利用、开发南海、维护国家南部海疆的主要力量。各族群的语言、社会习俗、宗教信仰以及对海洋利用的技术、方式不尽相同，他们的生产、生活，构成了海南海洋文化的基本框架。

2018 年 4 月 13 日，党中央决定支持海南全岛建设自由贸易试验区，支持海南逐步探索、稳步推进中国特色自由贸易港建设，海南航运业将迎来崭新发展，海南将成为新海上丝绸之路上的一颗璀璨明珠。

# 文昌斗柄塔

文昌斗柄塔位于文昌市铺前镇的七星岭，建于明朝天启五年（1625 年），清朝光绪十三年（1887 年）重修。

塔矗立于七星岭主峰上，犹如七星生柄，故得名“斗柄塔”。斗柄塔对望琼州海峡，过去商民船只经过此峡，因无航标，常有遇难，被认为是妖怪作祟。明代礼部尚书王弘诲致仕后，以航标和镇妖为目的，邀众并奏请朝廷拨款建塔。塔高约 20 米，塔平面作八角形，共七层，层层收缩递减，砖道以线砖与梭角子砖叠塞出檐，每层有拱门，内设螺旋式阶梯 104 级，拾级可登塔顶。塔顶葫芦已废，现仅存覆盆，塔基围 44.8 米，塔身厚 3.55 米。塔门向西，门额石匾刻有“斗柄塔”三个字。上款刻“明天启五年孟冬月建造”，下款刻“清光绪十三年孟冬重修”。该塔属国家重点文物保护单位。

此塔造型端庄稳重、雍容大方，踞高挺拔，耸入云霄，气势雄伟壮观。始建至今约 390 多年，历尽沧桑，顶风傲雨，经受无数强台风及雷电袭击，依然巍然屹立，雄视海南惊涛骇流，眺望文北辽阔原野，不仅是海上航运和渔船作业的特殊航标，还是研究海南古塔发展历史的可贵的实物资料。

# 细沙灯塔

细沙灯塔位于儋州市峨蔓镇细沙村，始建于明代。灯塔主要由塔身和塔基两部分组成，塔基近呈圆形，直径约 8.78 米，高近 4.4 米。塔身用较规整的玄武岩石块垒砌成四棱方柱形，高 6.4 米。塔顶是一个整体，下半部分是葫芦形状，上半部分像是燃烧的火焰，远远望去，像古代的照明灯具。

峨蔓镇细沙村以海水晒盐而闻名。据当地传说，宋代初期，细沙的先祖从福建南下到洋浦半岛从事盐业生产。他们利用当地多石的优势，凿石为槽，改“煮海为盐”为“晒海制盐”的生产方式。据史料记载，峨蔓盐田经过上千年的演进，总面积达 920 亩，位居全省之首。那时交通不便，必须靠海上运输。为了运输安全，灯塔应运而生。当夜幕降临，在苍茫的大海上，塔上的灯火点燃，渔民看到塔上的明灯，渔船就有了安全感。渔民靠着灯塔繁忙地进进出出于大海。

细沙灯塔是海南省现存年代较早的古塔建筑之一。其最初建筑为烽堠，后来人们开始在塔顶上悬灯做航标，为过往船只指引航向。古代的先民们发挥了自己的聪明才智，为了减少海浪的冲击，把灯塔的基座建成近呈圆柱形。它坚如磐石顶住狂风恶浪，巍然挺立于惊涛骇浪中，为渔民保驾护航。

# 琼海关旧址

海口海关前身为琼州海关（简称“琼海关”，俗称“洋关”）。1875 年 12 月 31 日，海关总税务司赫德任命英国人——博朗出任“琼海关”首任税务司。1876 年 4 月 1 日，由外籍税务司管理的琼州海关在海口正式成立，同时成立琼海关税务公署（设址于今海口市中山路尾南侧）。

“琼海关”全面推行洋关制度。当时除了管理进出海南岛的国际轮船贸易、办理海关业务外，还兼办了港务和邮政业务。1945 年以前，税务司一直由洋人担任。解放后，“琼海关”回到中国人民的手中。“琼海关”见证了海南近代对外开放史的发展，成为研究海口历史不可或缺的重要部分。

琼海关办公楼旧址，以特有的风格成为当时海口的标志性建筑，见证了海口海关沧桑的发展历程，折射出近代海南海上经贸发展的历史。

# 海口天后宫

海口天后宫位于海口市中山路 87 号，始建于元代，原名“环海坊”，被誉为老海口的保护神。总占地面积大约 1 400 平方米，是海南最早的天后宫，也是海南规模最大的妈祖庙。2000 年 6 月，被列为市级文物保护单位。2009 年 5 月，被列入海南省第二批省级文物保护单位。

从宋元开始，中国的海上交通和贸易发展迅速。随着海运经济的发展，妈祖文化便随福建或广东商人落籍海南，他们乘船渡海而来，一定立庙拜祭妈祖，他们的行为深刻地影响了本地居民及其后人。据史料记载，天后宫是目前海口市现有庙宇中最为古老的一间，其建筑材料上乘，工艺精致。此庙一部分建筑在抗日战争中被日机炸毁、拆除，显得破旧，但其木雕装饰工艺较为完好，石柱底座的石雕花纹仍然完整，具有一定的研究参考价值。作为中华妈祖文化的重要组成部分，海口天后宫承载着海口老城区不可割断的文脉。

# 海口骑楼老街

海口骑楼老街街区大致是指今海口市长堤路以南，龙华路以东；和平路以西，解放西路、文明中路以北这一片区域。面积约 1.5 平方公里，长约 3 800 米，宽约 12 米，由数条街道组成，融合南洋与欧亚建筑风格，中西兼顾，且相连成片，规模庞大，保存基本完好。

作为一种建筑模式，骑楼与海洋经济、海洋文化密不可分，它是近代中国开埠通商的产物，至今仍广泛分布在岭南地区。海口骑楼肇始于 19 世纪中叶，兴盛于 20 世纪二三十年代。1920—1939 年的近 20 年间，是海口骑楼的建设期，现存的骑楼多是这一时期完成的。华侨资本在其中占绝对优势，投资总额约 1 500 万银元，占实时海口房地产总投资的 75%。1939 年日军侵占海南岛，骑楼建设暂停。2006 年，海口骑楼老街获得“中国十大历史文化名街”荣誉称号。2010 年，通过《海口市历史文化名城保护条例》，海口骑楼建筑街区被纳入历史文化街区。

# 临高灯塔

临高灯塔位于海南临高县的临高角海边、琼州海峡西面进口处，是海南岛西北部的重要航标。灯塔由法国人始建于清光绪二十年（1894 年）十一月，民国十九年（1930 年）曾改造灯器。经几代航标人精心养护，灯塔原貌保持完好。塔高 20.6 米，灯高 20.8 米，宽 1.88 米，射程 18 海里，钢质结构，周围支撑的钢杆有 350 条。

临高灯塔是海南最老的灯塔之一。因其前有大约 250 米长的天然拦潮石，故有“仙人指路”的传说。1997 年 5 月，临高灯塔被国际航标协会列入“世界一百座文物灯塔之一”。临高灯塔还被列入 1998 年出版发行的《世界历史文物灯塔图册》，进入世界著名灯塔之列。2002 年 5 月，临高灯塔被国家邮票总局列为“历史文物灯塔”特种邮票发行。2009 年被列为海南省历史文物保护单位，2013 年被列入国家历史文物保护单位。

# 木栏头灯塔

木栏头灯塔位于海南省文昌市铺前镇三角形海湾中，被称为“亚洲第一灯塔”。该塔立在木栏湾西南角的木栏港岸边，海拔 97.2 米，灯塔建筑高度为 72.12 米，射程 25 海里，塔内装备 AIS（船舶自动识别系统）和 VTS（船舶交通管理系统），构造为白色圆柱形钢筋混凝土，于 1995 年 8 月建成发光。

木栏头所处的琼州海峡东口浅滩遍布，各浅滩之间有外罗水道、北水道、中水道、南水道 4 条可航水道，距国际航线仅 3 海里，在这里设置海上导航标志意义重大。1954 年 5 月，木栏头设立灯标导航。1995 年 7 月 18 日，设备先进的木栏头灯塔取代了灯标，成为船舶通过琼州海峡中水道、南水道的重要助航标志。在木栏头，现代化的灯塔和古老的斗柄塔遥遥相望，共同见证琼州海峡的航海历史以及木栏头的沧海桑田。

木栏头灯塔是世界第二亚洲最高的航标灯塔，也是目前中国乃至亚洲最高的现代化大型灯塔，沿海 24 海里范围内的船只都可以见到，曾入选为中国邮票。由于所在地理位置极其重要，木栏头灯塔成为海南岛东北部最重要的航标。

# 锦母角灯塔

锦母角灯塔位于三亚市锦母角的山岬顶上，是中国大陆架“最南端的灯塔”，中国主要的地理坐标之一。锦母角灯塔的前身是锦母角灯桩，于1960年设立，白色圆柱形石砌桩身，标身高8.4米，射程17海里。1995年2月，灯桩改建为灯塔。灯塔高18米，塔身为红白竖条相间的钢筋混凝土圆柱。灯塔以太阳能为电源，塔顶安装英国PRB-24型灯器，射程达22海里，还安置了雷达应答器，是一座自动化操作的无人值守灯塔。

锦母角地处三亚市榆林军港出海口，位于中国大陆架最南端的一点，是真正意义上的“天涯海角”。锦母角的前方是海南环岛南航线，“左邻右舍”是三亚港和著名的旅游区亚龙湾，船只来往频繁。锦母角灯塔已成为海南环岛南航线及船舶进出三亚港的重要助航标志。

# 博鳌灯塔

博鳌灯塔位于琼海市博鳌镇，2011年6月建成，塔高75.5米，灯高81.1米，射程22海里。博鳌灯塔为白色钢筋混凝土结构，是亚洲混凝土结构灯塔中的第一高塔。博鳌灯塔外形设计融入当地“观音降鳌”传奇文化要素，结合航标文化，塔身上部设计成眼睛，就像观音的眼睛一般，造福附近人民，给附近航船照出“幸福”和“安全”。博鳌灯塔已成为当地标志性建筑。

博鳌亚洲论坛会址坐落在美丽的东屿岛上——万泉河入海口。2001年2月，博鳌亚洲论坛成立大会启用会址，并永久落户于博鳌，使这个名不见经传的小渔村成为亚洲的博鳌、世界的博鳌。

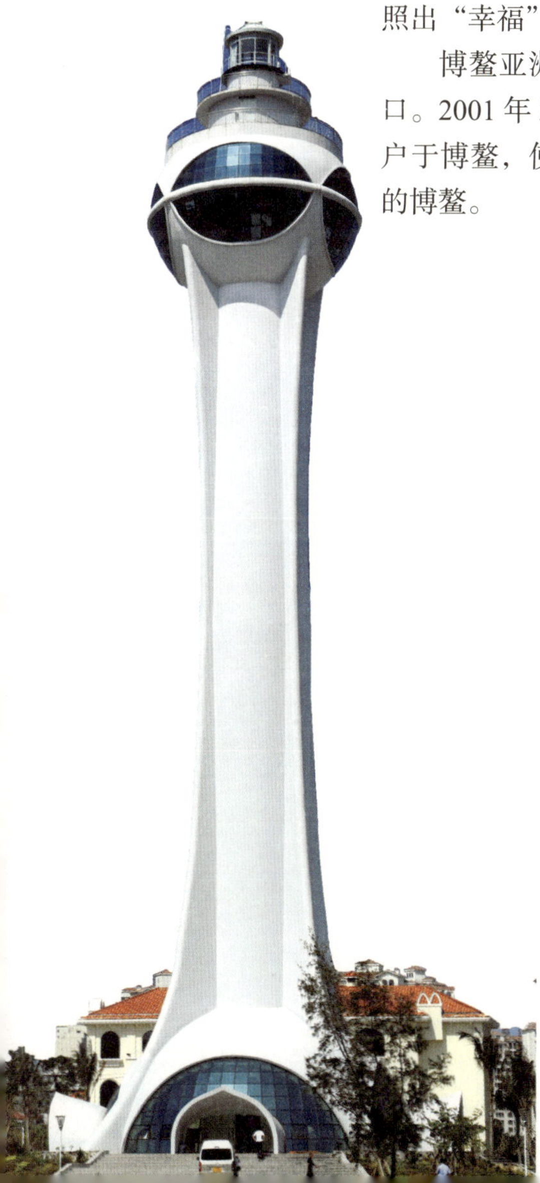

# 鱼鳞洲港区

鱼鳞洲位于东方市城区八所港南面，濒临北部湾。洲峰上的岩石重重叠叠，阳光折射后，灿灿生辉酷似鱼鳞，因此得名“鱼鳞洲”。在其顶端伫立着一座高 18.6 米、黑色白斜纹钢质灯塔，建于 1957 年，1985 年开始维修与维护，塔灯射程为 18 海里，名为“鱼鳞洲灯塔”。是鱼鳞洲的标志，也是东方市的标志，是北部湾重要的航标。

八所港围绕鱼鳞洲建有 2 个港区共 10 个泊位，年综合设计通过吞吐能力 1 265 万吨。第一港区共有 8 个泊位，其中 6 个为万吨级深水泊位，2 个千吨级泊位，库场面积 10 余万平方米。第二港区已建设成为具有现代化水准的化工危险品专用码头，目前拥有一个 1 万吨级和一个 5 000 吨级泊位，是海南省唯一的公共现代化化工危险品专用码头。

# 神头港区

在海南西北部的洋浦半岛上，伫立着一座高约 15 米，直径 11.5 米的巨石。巨石位于临高隆起带，为雷琼凹陷部，是火山活动后形成的凸起玄武岩，因此得名“神头”，距今已有千年历史。

围绕神头，一座以油气储备、石油化工、纸浆造纸、港口物流为主导，综合服务和现代化服务业为辅助的现代化海洋工业功能区——神头港区打造完毕。2003 年 9 月海南炼化、金海浆纸自建码头运行。2006 年 5 月，海炼 30 万吨原油码头迎来首靠。2010 年 12 月启动建设一批码头。2014 年 8 月中海油迎来首艘大型 LNG 船舶。2015 年国投孚宝 30 万吨油品码头迎来首靠。2018 年 7 月中石化（香港）洋浦港神头港区神北三港池南防波堤工程建成完工。如今的神头港区成为中国面向东南亚的航运枢纽、物流中心和出口加工重要基地。

# 凤凰岛国际邮轮港

凤凰岛位于三亚市三亚湾度假区“阳光海岸”的核心，是在大海礁盘之中吹填出的人工岛。该岛四面临海，由一座长394米、宽17米的跨海观光大桥与市区滨海大道——三亚湾路及光明路相连。东南侧临三亚河入海口，西侧为东、西玳瑁岛，北侧濒临优美的17公里长三亚湾海滩。

凤凰岛一岛全长1 250米，宽约350米，占地面积36.5万平方米，规划总建筑面积48万平方米。二岛47.4万平方米，与一期岛屿由整片沙滩连接，海水深度达到12米，颜色湛蓝，清透醇美。计划新建4个邮轮码头，其中10万吨泊位1个、15万吨泊位2个和22.5万吨泊位1个。工程全部完工后，凤凰岛可同时停靠6—8艘邮轮，年接待能力达到200万人次，将成为全球最大的国际邮轮母港之一。凤凰岛国际邮轮港是三亚唯一的国际邮轮港，也是国际邮轮游客进入三亚的门户通道。

# 中国（海南）南海博物馆

中国（海南）南海博物馆位于琼海市潭门镇中心渔港，距离博鳌亚洲论坛会址 9 公里，于 2017 年 3 月博鳌论坛年会期间开馆。

博物馆的建筑设计融合现代美学风格与中国文化元素，取义“丝路逐浪，南海之舟”。场馆依地势而建，占地 150 亩，总建筑面积 70 593 平方米，分为南北两区。博物馆现有各类藏品 7 万多件，包括历代外销文物、南海生物标本、海南历史文物、历代船模等。馆内有基本陈列“南海人文历史陈列”和“南海自然生态陈列”，专题展览“八百年守候——西沙华光礁 1 号沉船特展”“探海寻踪——中国水下考古与南海水下文化遗产保护”等。2017 年 4 月 5 日，经国务院同意，馆名定为“中国（海南）南海博物馆”。

建设中国（海南）南海博物馆是海南省积极响应国家“一带一路”倡议的重要举措。博物馆旨在展示南海人文历史和自然生态，保护南海文化遗产，促进海上丝绸之路沿线国家和地区的文化交流与合作。

# 西沙甘泉岛遗址

西沙甘泉岛遗址位于三沙市甘泉岛上，是一处唐宋时期渔民居住遗址，属于唐宋古遗址，也是中国最南端的全国重点文物保护单位。

甘泉岛俗称“圆峙”。岛呈椭圆形，南北长约 800 米，东西宽约 530 米，面积为 0.3 平方公里。20 世纪 70 年代中国的考古专家在岛的西北部发掘了一处唐宋时期渔民居住遗址，还发现了一批唐宋时期日常生活用的陶瓷器、生产生活工具等遗物，表明早在唐宋时期已有中国居民在西沙附近生产、生活。

1994 年，西沙甘泉岛遗址被海南省政府确定为第一批省级文物保护单位。1996 年西沙文物普查时，考古人员在遗址旁立下“西沙甘泉岛唐宋遗址”石碑，这是中国在南中国海树立的第一块文物保护碑。2006 年，西沙甘泉岛遗址由国务院公布为第六批全国重点文物保护单位。

# 西沙海洋博物馆

西沙海洋博物馆位于三沙市永兴岛，创建于1989年，是中国最南端的海洋博物馆，也是中国唯一一个由军人们创办的海洋博物馆。驻岛官兵们将部分爬上海滩的海龟和采集到的贝类制成标本，集中陈列。2000年10月，西沙部队对海洋博物馆进行扩建，2001年元旦，海洋博物馆新馆正式开馆。博物馆展厅面积约800平方米，共收藏各类海洋标本、图片资料约400多种、3 000多件（幅）。

永兴岛是南海诸岛中最大的岛屿，也是三沙市人民政府所在地。2012年6月21日，中国正式宣布设立地级三沙市，隶属海南省，管辖西沙群岛、中沙群岛、南沙群岛的岛礁及其海域，行使和维护中国对南海的主权、管辖权。

# 美济礁灯塔

美济礁灯塔位于三沙市南沙群岛中东部海域的美济礁上，是目前南海建成的5座灯塔之一，于2016年7月完成主体建设。美济礁灯塔为大型多功能灯塔，塔高在50—55米之间，装配现代化大型旋转灯器，配备直径4.5米灯笼，夜间发白光，灯光射程22海里。此外，灯塔还安装了船舶自动识别系统（AIS）基站和甚高频（VHF）基站，具有无线电航标的助航和导航服务功能。在建筑设计上，美济礁灯塔吸收了中国传统文化元素，取名“海上明烛”，寓意为矗立在海边的烛台，为人们指引方向、照亮航程，为航海者点亮一盏永不熄灭的烛光。

南中国海海域是全球最重要、最繁忙的海上贸易通道之一，通航环境复杂，气象海况多变，多年来中国在南海水域民用导航助航设施缺乏。2015年以来中国南海灯塔的陆续建成发光彻底改变了这一局面，极大提高南海海域船舶航行安全，开创了中国灯塔建设从大陆沿岸、沿海走向深蓝的新纪元。

# 第十二章 港澳台地区

## 香港海事博物馆

香港海事博物馆是一所致力于保护、收藏及展示香港及珠江三角洲海事及贸易的文博场馆。博物馆成立于2005年，是一所由香港船东会支持的非营利性注册慈善团体。

2005年博物馆于赤柱美利楼开幕，2009年香港海事博物馆以公开招标形式，取得中环八号码头馆址。政府负责兴建及搬迁费用，2013年正式迁往香港中环八号码头。博物馆楼高三层，由十多个展厅及特别展览厅、资源中心、咖啡馆、礼品店和航海精品廊等组成。展厅主题涉及中国航海历史与文化、近代中国贸易、港口、导航与海洋气象、海盗、海洋资源等。

香港海事博物馆旨在推广包括香港区域在内的中国及亚洲的海事历史及文化遗产，以及从古至今及未来其对航运业所扮演的角色及与世界各地的联系，努力成为以社会利益为追求目标的文化机构，拓展本地及区域海事和航运业。

# 澳门海事博物馆

澳门海事博物馆设立于1987年，原址为澳门妈祖阁前的一处老建筑。1990年启用的新馆为早年首批葡萄牙人登岸的地方。

博物馆设计为船型建筑，外形像扬帆起航的三桅帆船。内部展览设四个主题。其中“中国南部的捕鱼方法和传统渔船”主题重点介绍中国南部渔民的生活状况，尤其是澳门渔民的传统；“科学技术与交通工具”主题主要展示福建沿海出土的宋代商船模型和澳门东望洋灯塔模型及近代船舶修造的工艺等；“中国和葡萄牙的海事历史”主题部分主要表现15世纪郑和下西洋及地理大发现时期葡萄牙人的航海路线图，探索东西方相互探寻彼此文明。水族馆部分主要陈列各种贝类标本、海鱼及生活在海边的水鸟标本。

此外，澳门海事博物馆外广场设置有深海模拟器，便于游客体验潜水员在深海探秘的经历。博物馆附近码头上停泊着帆船，供游客在澳门内港及南湾一带行驶。

澳门海事博物馆展览主题不仅反映澳门历史与海洋间的密切关系，还系统介绍了中国和葡萄牙海事方面的历史，进而展示海洋对人类及其文化产生、互动交流的重要影响。

# 台湾鹅銮鼻灯塔



鹅銮鼻灯塔位于中国台湾省屏东县恒春半岛上的一个岬角上，兴建于清光绪八年（1882年），它是台湾省拥有百余年历史的著名航海导航建筑。

鹅銮鼻灯塔的塔身为白色铁造圆塔，分五层。第一层储藏煤油，第二层置格林炮，第三层为休息处，第四层设置榕林炮，第五层为灯塔光源。塔内初以汽油自热灯发光，后设旋转透镜点灯，光度相当于180万只烛光，每30秒旋转一周，20海里之外的船舶均能观察到。鹅銮鼻灯塔是目前台湾光力最强的灯塔，因此又被称之为“东亚之光”。登楼面向西南方，依山临海，塔基筑有炮台，四周有护城壕沟，也是少有的武装灯塔。鹅銮鼻属于珊瑚礁石灰岩地形，地理景观奇特，同时因处于三海交汇处（东面为太平洋，南临巴士海峡，与菲律宾吕宋岛遥望，西为台湾海峡南端），海洋自然风光旖旎。

鹅銮鼻灯塔历史悠久，环境别致，不仅是台湾省南部重要的地理坐标，更是中国沿海航线上一处重要的航海保障标识。

# 台湾长荣海事博物馆

台湾长荣海事博物馆建立于2008年，坐落于台北市中正区中山南路张荣发基金会大楼内。这是一所以阐述海洋与人类关系及推广海事教育为目的的博物馆，也是台湾地区搜集中外古船模、船舶历史及航运发展史较为集中的海事博物馆。

长荣海事博物馆为台湾财团法人张荣发基金会附设的博物馆，主要馆藏是长荣集团创办人张荣发所收藏的世界各地的海事藏品。展厅分为航海探索区、海洋画作区、海洋台湾区、现代轮船区、世界船舶区等五部分。展厅内重要的展品有远古独木舟、台湾海岛竹筏、具有宗教信仰意义的王船、西方各式帆船、机械动力船、工作船、郑和宝船、玛丽皇后号、伊丽莎白号及泰坦尼克号等船舶模型。航海探索区内配合航海仪器及多媒体互动，共同演绎海上航行的各类场景。

长荣海事博物馆的建成与运行，对于弘扬长荣的企业航运历史，保存、传播船舶历史、艺术与科学，唤起民众对海洋的兴趣与关怀均有重要意义。

# 内地卷

# 第十三章

# 黑龙江省

黑龙江省是我国东部最北的省份，由东北区域最大的河流——黑龙江而得名。黑龙江省内河流密布，水量充足，主要河流有黑龙江、松花江、乌苏里江、嫩江、牡丹江以及兴凯湖、镜泊湖等。其中黑龙江、乌苏里江、兴凯湖是中俄界河（湖），长达 3 656 公里。各条河流总通航里程为 7 000 余公里。流域地处寒温带，属大陆性季风气候，是全国气温最低的水网地区。每年冬季漫长，河流结冰期长达五六个月。因此，所有河流均为季节性通航，年通航期在 210 天左右。

黑龙江流域自然资源丰富，盛产木材、煤炭、石油、粮食等。水运连接黑龙江、吉林、内蒙三省（区）的众多市县和农场、林场以及俄罗斯远东地区哈巴罗夫斯克、布拉戈维申斯克、共青城等大城市。通过江海联运，从黑龙江下游（俄境内）出海可直达日本、韩国、东南亚各国（地区）以及我国东南沿海港口。

大量的考古发现和历史文献记载表明，“海东盛国”唐渤海国时期的水运，是古代黑龙江水运的一个高峰。在其存在的 229 年中，向唐朝进贡多达 143 次，开辟了一条从京都到长安的水陆道路。17 世纪初，清政府为反击沙俄的侵扰，在东北七镇驻扎军队，组建黑龙江水师营。其军粮、装备的补给主要靠松花江、嫩江、黑龙江的水路运输。19 世纪中叶，《中俄瑷珲和约》和《中俄北京条约》等不平等条约将原属于中国内河的黑龙江、乌苏里江变为中俄两国界河，使黑龙江地域丧失大量的土地、资源和出海口，严重地影响了黑龙江的经济和文化的发展。

黑龙江水系的中国民族航运业始于清末，兴于民初，大体经历了由创立到中兴两个阶段，走过了分散、竞争、联合的曲折道路。解放战争时期，黑龙江航运得到初步的恢复和统一，为新中国成立后的稳步发展赢得了时间、奠定了基础。中华人民共和国成立后，尤其是改革开放以后，随着国民经济的恢复和发展，黑龙江航运事业迅速发展壮大，形成港口、航运、船厂、航道俱全的综合性企业，对于沟通城乡经济，促进工农业生产，巩固和繁荣边疆，发挥了重要的作用。

# 巴彦通抗俄要塞

巴彦通抗俄要塞位于依兰（旧称三姓）东北 15 公里处松花江畔的巴彦哈达群山环抱之中，素有“三江锁钥无双地，万里北疆第一关”之称。这里三面环山，一面临水，自古以来就是扼守松花江水路的战略要地。

清朝末年，沙皇俄国通过不平等的《中俄瑷珲条约》《中俄北京条约》，侵占了我国黑龙江以北、乌苏里江以东的大片领土。为应对沙皇俄国对松花江内河窥探和步步入侵，1880 年清政府在三姓巴彦通建营五座，当地简称为“靖边营”。在修建军事要塞的同时，光绪七年在松花江右岸下口要隘处修建炮台一座，以备江防。巴彦通军事要塞设施齐备，靖边营与炮台相互依托，居高临下俯视松花江上下，形成对松花江水路的扼守之势，成为拱卫三姓古城的门户。

1900 年，为阻击沙俄侵略军，清军在靖边营北悬崖下至巴彦通间水道伏设三道拦江大铁索，迫使沙俄船只从驻军眼前往来，以便检查。同年 7 月俄军进攻巴彦通要塞，清军以死相拼奋勇抵抗，但终因寡不敌众退出要塞及三姓城。在三姓保卫战中，清军共击毙沙俄官兵 140 名，打沉沙俄轮船 2 艘，击伤驳船 3 只。

如今，见证那场血与火战争的巴彦通要塞遗址依然矗立在松花江畔，靖边营在沙俄炮火中只有前营、后营、左营、中营高大坚固的墙基遗迹保存下来。历史上的三姓抗俄斗争虽然失败了，但三姓军民不畏强暴，为驱逐沙俄侵略，誓死捍卫祖国神圣领土的民族精神却与山川同在，与日月同辉。

# 滨江关拉哈苏苏分关旧址

滨江关拉哈苏苏分关旧址位于今黑龙江省同江市通江街10号，始建于1905年，是目前东北地区唯一保存完整的海关旧址建筑。

拉哈苏苏分关是哈尔滨关下辖的分关之一，于1910年被哈尔滨关购入。哈尔滨关始建于1907年，负责中东铁路线上报关、查验、征稽关税，以及松花江江道治理、港务、船务管理、邮政等事宜。1929年改称滨江关，东北沦陷后，于1932年改称哈尔滨税关。1907年建关后，哈尔滨关下辖拉哈苏苏分关、满洲里分关、三姓分关、绥芬河分关等6个分关和瑷珲分卡等7个分卡。1932年至1946年，哈尔滨关下辖新京、满洲里、绥芬河3个分关及黑河等3个分卡。

拉哈苏苏关旧址建筑分为办事房和结关房。公事房为办公场所，俄式砖木结构，主体建筑平面为“T”形，建筑面积约540平方米，占地面积约1 333平方米。结关房为拉哈苏苏分关业务用房，位于今同江市联港路东段南侧，为欧式砖瓦结构“9”字形平房，建筑面积约331.55平方米，占地面积约2 532.8平方米。

该旧址于2014年改建成拉哈苏苏海关旧址历史文化展览馆。作为省级文物保护单位、爱国主义教育基地和同江市历史遗址重要景点，免费对外开放。

# 东北商船学校旧址

东北商船学校为大连海事大学的前身，于1927年由曾留学日本商船学校和海军学校的东北航警处处长沈鸿烈在哈尔滨创办，是东北地区第一所航海院校。东北商船学校，设驾驶、轮机两科，学制四年，以培养东北地区（主要是松花江、乌苏里江和黑龙江水系）江运航业人才为宗旨。同时，东北商船又是海军预备学校。教师除个别普通课教师外，均为海军现役军官。学生一律享受优厚的公费全供给，并编入海军军籍。

1927年东北商船学校首次招生两班90人，分编驾驶和轮机两班，1929年又招收驾驶、领航、测量等专业学员120人，1930年3月驾驶甲班学生毕业，除6人外，都被调往葫芦岛航警学校深造。1931年“九一八”事变后，学校于哈尔滨沦陷后停办，学员均辗转南迁威海海军学校继续学习。1933年除7人毕业外，其余学员皆转入青岛海军军官学校。

东北商船学校，虽然规模较小，办学时间较短，却为东北地区航运业发展培养了一批专业技术人才，开创了东北地区高等航海教育的先河，尤其是轮机科的设立，更是填补了旧中国海运高等教育的空白，开拓了旧中国海运高等教育航海、轮机两科并举的新局面。

# 同江口岸

同江口岸是黑龙江省东北部边界线上重要口岸之一，其所辖的同江港以其优越的地缘优势和天然优势闻名于世。

同江作为通商口岸已有百年历史。早在1904年，同江地区就有商人与俄国人做生意。宣统年间（1909年）英国人设立了海关，负责检查两江来往的船只和货物，收取关税，历时21年。20世纪50年代末至60年代初期，中苏贸易极为兴盛。1958年，经中央国务院批准，同江设立口岸。改革开放以来，同江口岸于1986年经国务院批准对外开发，为国家一类口岸。口岸刚刚启用，就以600吨土豆换取俄罗斯哈巴罗夫斯克远东渔业消费所的7 000立方米木材而轰动。1994年外交部批准同江为国际港口。由同江可抵俄罗斯的哈巴罗夫斯克、共青城、莫斯科、圣彼得堡等地旅游。沿黑龙江下行、经俄罗斯下列宁斯克耶、哈巴罗夫斯克、共青城、尼古拉耶夫斯克入鞑靼海峡，可抵达日本、朝鲜、韩国等国家及太平洋沿岸地区。

目前，同江口岸年过货量位居黑龙江省第二位。作为黑龙江省江海联运“黄金水道”的始发港、东北亚国际物流中转及贸易加工中心，同江口岸在我国东北地区的航运与贸易占有重要的地位。

# 哈尔滨港

哈尔滨港地处松花江中游右岸、哈尔滨市区东北部，是全国28个内河主要港口之一。港口辐射全省沿江各地，地理位置优越，交通便利，集水路、公路、铁路三边优势于一身。

哈尔滨是黑龙江省的政治、经济、文化中心。哈尔滨港作为市区唯一港口，地缘、地域优势明显，经水路沿松花江上通黑龙江省北部县市，沿黑龙江与俄罗斯哈巴、布市、共青城等远东重地相通。公路连接哈市二环北路，毗邻哈东火车站，扼市区北出口；港口拥有铁路专用线6条，5 870延长米，与全国各地相通。

哈尔滨港由哈尔滨、双城、宾县、巴彦、木兰、通河、方正、依兰8个港区组成，主要承担黑龙江省中部、西部和东南部地区的矿建、煤炭、粮食、重大件等货物的运输和中转，区域内旅游观光水上运输等任务。其中哈尔滨和方正港区年货物设计通过能力在100万吨以上。方正港区是黑龙江省最大的煤炭水运出口港。哈尔滨港直接经济腹地为哈尔滨市，间接经济腹地可达嫩江、松花江、黑龙江、乌苏里江沿江各地区和俄罗斯远东地区。

哈尔滨港始建于1955年，曾隶属于交通部东北内河航运局、交通部黑龙江航运管理局，2001年国家实施体制改革政企分开，依行政区划划归于黑龙江省国资委辖下的黑龙江航运集团有限公司。哈尔滨港是东北地区水陆联运的主要港口、国家一级对外开放口岸，在东北航运与经济建设中发挥着重要作用。

# 第十四章 北京市

北京地处燕山山脉南麓，位于华北平原的北部，北临辽东半岛，东南与山东半岛相连接，地势西北高、东南低。北京的天然河道自西向东分属五大水系：拒马河水系、永定河水系、北运河水系、潮白河水系和蓟运河水系。其中，除蓟运河外，最后都在海河汇入渤海。

发达的内河水系造就了北京地区悠久的航运历史。早在春秋、战国时期，燕国军队便借助洵河便捷的水运条件取得了洵河之战的胜利。东汉末年，为了解决漳河、滹沱河、泒河和潞河之间的交通问题，曹操主持开挖了平虏渠、泉州渠以供漕运之需。隋炀帝时期，江南运河、通济河与永济渠的开通，基本奠定了从江南到幽州的运河格局。到了金代，中都（今北京）成为金朝的首都，中原地区的粮食经由御河（卫河）、白河、闸河组成的漕路源源不断输送至中都（北京）。元代，中国再次实现统一，大都（今北京）成为国际大都市，对漕运的需求也进一步增加。为改善漕路通航条件，元朝统治者对前代运河网络进行了改造。明清时期，北京城在元大都城的基础上得到进一步发展，水域面积与通航条件也随着城市的建设有所改变。太液池增加了南海，积水潭改名成了什刹海。宣德年间，为了改变皇城东墙外通惠河沿岸嘈杂的情况，皇城东墙被移建于河的东岸，原在皇城外的通惠河圈在了皇城内。北京位处内陆，天然河道利用较少，但是作为历史上众多时期的政治中心，人工运河的开凿使得北京地区的航运地位十分重要。

由于北京曾是元、明、清三代的首都，运河遗址的保存较为完整。其中被列为北京大运河物质文化遗产名单的就有 40 多处，是研究了解运河文化不可少的部分。

# 万宁桥

万宁桥又名“海子桥”“洪济桥”，位于北京地安门外大街，坐落于北京城中轴线上，始建于元世祖至元二十二年（1285年）。最初为木质结构，后改用石砌筑，单孔拱券，两端戗抱鼓石，拱券上雕刻有石兽头。桥的两侧建有汉白玉石护栏，雕有莲花宝瓶等图案。

元代，万宁桥位于元大都的中心，跨在什刹海入玉河口处，是当时大运河漕运的始点。桥上地安门大街南北贯穿，桥下通惠河东西流过，擅舟济、陆运之利，水陆交汇，成为京城的交通枢纽。南来北往的行人，有的从南方沿大运河北上进京，在万宁桥畔下船登陆；有的离京南下，也多在此登舟，顺通惠河转大运河南下。杨载的诗作《送人》中“金沟河上始通流，海子桥边系客舟”即反映出当时万宁桥一带航运繁忙、行旅不绝的情景。

万宁桥为元大都城内通惠河上的重要通水孔道，为保障元大都漕粮供应发挥过重要作用，是研究北京漕运的标志性遗存。

# 澄清上闸遗址

澄清上闸位于北京西城区万宁桥西畔，建于元世祖至元二十二年（1285 年），起初为木闸，元武宗至大四年（1311 年）换为石闸。现仅存遗址。

据《金史》记载，金代此处就已经有闸，用以灌溉附近的农田。元代万宁桥跨在什刹海入玉河口处，桥下装有水闸，通过提放水闸，以过舟止水，保证南来粮船直驶大都城内。沿河北来的船舶可直抵海子内停泊。此地水闸始称“海子闸”，后改名为“澄清闸”。《水部备考》中亦有相关记载。元时澄清闸分上、中、下三闸，澄清中闸是在玉河故道改造工程中新发现的运河文物点，在东不压桥旁边；澄清下闸至今还掩埋在路基下。当初因修通惠河时要求速成，河上的水闸皆用木闸。后由于木闸腐烂，元武宗至大四年（1311 年）换为石闸。目前闸门槽后有残石，据推断为澄清上闸遗存的绞关石。

元代，为使漕运航行通畅顺利，通惠河的主要干线上修建了多处控水设施以及众多的水闸，澄清上闸是其中之一，其遗址对于研究京杭大运河历史与文化具有重要价值。

# 通惠河

通惠河位于北京东部，是元代开凿的漕运河道。通惠河于元世祖至元二十九（1292年）年开始动工，由郭守敬主持开凿，翌年竣工。

最早开挖的通惠河起自今昌平县白浮村神山泉，经瓮山泊、积水潭、中南海等处，于通州高丽庄汇入潞河，全长82公里。其中从瓮山泊到积水潭河段，在元代也被称为“高梁河”。自万宁桥至金闸河一段，则被称为“玉河”，亦称“御河”。随着北京城市的变迁，通惠河的河道也多次改易。元末明初，通惠河上游神山泉至瓮山泊河段因战乱而荒废堰塞。明初，伴随北京城城墙南移，万宁桥至崇文门外河段随之失去航运作用。明嘉靖七年，巡仓御史吴仲主持了通惠河的疏浚工程，取得显著成效。自元初至清末，通惠河始终是漕运通路上的一段重要航线，对保障北京地区粮食供给、加强中央政府与各地方的联系发挥了重要的作用。清光绪二十六年，清廷推行“停漕改折”政策，通惠河漕运自此停止。随着铁路与公路建设的迅猛发展，通惠河的航运地位日益下降，通航功能逐渐被排水功能所取代。

近年来，随着大运河申遗成功，“运河文化带”的建设日益受到世人关注，通惠河也再次得到重视。其中玉河河段经过“玉河历史文化恢复工程”的重修，已经成为北京市一处重要的历史文化景观。

# 东不压桥遗址

东不压桥也叫东步粮桥，旧址位于今北京平安大街上。始建于元朝，最初为木桥，明代改建为单孔石拱桥。

元代，为满足大运河漕粮运输的需求，北京城里建造了许多桥梁。东不压桥一带是交易布匹和粮食的集市，故得名“步粮桥”。明代中叶的《京师五城坊巷胡同集》中对此也有记载。东不压桥的得名，和另一座古桥——西压桥有关。西压桥原本叫西步量桥，位于北海后门与什刹前海之间，因明朝扩建皇城时，皇城北墙压在桥上，故民间称之为西压桥。东不压桥和西压桥东西相对，又因为建在皇城墙外，与皇城墙有一小段距离，没有被皇城压上，故得名东不压桥。

东不压桥是北京众多古桥之一，见证了元代大都漕运繁盛的历史。近几年，北京重建玉河故道。东不压桥是在玉河河道的重修过程中露出了桥洞，成为大运河的重要遗产点。

# 中国海关博物馆

中国海关博物馆位于北京市东城区建国门内大街六号，是中华人民共和国海关总署直属的国家级行业博物馆，2014 年 3 月正式面向社会开放。博物馆内设办公室、人事保卫部、藏品管理部、陈列展览部等部门，具有海关文物收藏保护、海关文化展示交流、海关历史研究、爱国主义暨海关职业素质教育等功能。

博物馆建筑为古典园林式建筑，主展区建筑面积约 8 000 平方米，基本陈列位于主展区一层、二层，包括千秋古关、近代海关、现代海关三个部分。专题展厅和临时展厅位于地下一层。此外还有“海关 902”艇专题展厅。中国海关博物馆现有藏品 29 000 余件，其中实物 13 000 多件、照片 5 000 多张，涵盖了从战国时期至当代各个历史时期的海关重要文物，藏品种类涵盖海关历史文物、当代海关文物、海关查没走私文物等几大类，系统地呈现了中国海关的历史与现状的方方面面。海关博物馆展览收藏贯穿古今海关历史，兼具海关文物收藏保护、海关文化展示交流、海关历史研究、爱国主义暨海关职业素质教育等功能，是中国海关类博物馆的集大成者。

# 第十五章

# 河南省

黄河是中华民族的母亲河，黄河流域是中华民族文明的摇篮。因此，在很长一段历史时期内，黄河中下游一直是全国政治、经济和文化中心。河南省位居全国中部，地处黄河中下游，素有“中原”之称。河南的地理位置承东启西，连南贯北，承担着东西经济互补、南北经济流通的重要枢纽作用。因此，河南的航运历史悠久，从古至今，源远流长。

河南作为中原腹心之地，航运发展的历史与各个历史时期的政治、经济形势息息相关。从夏、商、周三代之世，到繁华若锦的东京汴梁，河南成为全国政治、经济、文化中心的一个很重要的因素就是境内以黄河为骨干的水运体系。河南水资源丰富，境内河流众多，分属长江、淮河、黄河、海河四大水系，境内超过 1 500 多条河流纵横交织，具有发展内河航运比较优越的自然条件。优越的自然条件和地理位置使河南航运自古就四通八达，历代航运的先驱者和广大劳动人民一起，用智慧和劳动谱写了河南航运业的发展历史。古代河南在政治、经济的地位决定了河南航运在全国航运发展史上的重要地位，也决定了河南航运在历史上对于维护祖国统一、促进经济发展所起到的重要作用。

河南航运萌芽于先秦时期，各地经济联系日益密切。人工开凿运河成为这一时期的主要活动，鸿沟就是这一时期的主要标志之一。秦汉、魏晋时，河南航运迎来了快速发展，东汉、魏、晋相继定都洛阳，政治中心的确立刺激了经济的发展，水陆转运的大量粮食物资反映出航运对繁荣经济的作用。隋代的大运河连接起了海河、黄河、淮河、长江、钱塘江五大水系，打造了一个完整的运河体系。唐、宋承此之利，河南航运日益繁盛，进而成为“丝绸之路”上颇为重要的一环。及至元、明、清时期，政治中心北移，兼之盛行海漕和漕运东移，河南航运逐渐衰退。清末民国，时局动荡，战乱频仍，通航河道年久失修，淤塞不堪，河南航运濒于废弃。中华人民共和国建立后，河南航运开始复苏，改革开放之后，更是翻开了河南航运的新篇章。

千年以降，河南航运的发展几经起伏，历尽兴衰胜败、沧桑变化。从先秦时期人工开凿的沟渠，到秦汉时转漕给军的南北水道，再至隋、唐、宋时“东南四十三州地，取尽膏脂是此河”的汴河，而后历元、明、清河道淤塞“几与岸平”的逐渐衰落，终至清末民国濒于废弃和中华人民共和国成立后的浴火重生。千年航运史，留下数不尽的历史遗迹，说不尽的航运故事。一抔土，一捧水，都浸透着航运和文化；一方石，一块砖，都凝聚着历史和诉说。

# 鸿沟

鸿沟位于古代荥阳成皋一带，西自荥阳以下引黄河水为源，向东流经中牟、开封，折而南下，入颍河通淮河，把黄河与淮河之间的济、濮、汴、睢、颍、涡、汝、泗、菏等主要河道连接起来，构成鸿沟水系，是当时开凿规模最大、流经里程最长、影响最大的一条人工运河。

鸿沟开凿于春秋、战国时期。这一时期的航运开发，最突出的特点就是在互不相同的天然河流之间开凿人工运河，以拓展航运活动的范围。战国时魏惠王十年（公元前361年）为了战争需要，曾两次兴工，开挖了鸿沟。鸿沟有圃田泽调节，水量充沛，与其相连的河道，水位相对稳定，对发展航运很有利。它向南通淮河、邗沟与长江贯通；向东通济水、泗水，沿济水而下，可通淄济运河；向北通黄河，溯黄河西向，与洛河、渭水相连，使河南成为全国水路交通的核心地区。鸿沟的开凿，为后来南北大运河的开凿创造了条件。

秦始皇统一中国后，充分利用了鸿沟水系和济水等河流，把在南方征集的大批粮食运往北方，并在鸿沟与黄河分流处兴建规模庞大的敖仓，作为转运站。汉武帝元光三年（公元前132年），黄河决口于濮阳，泥沙淤塞了菏水和汴水河道，鸿沟水系遭到破坏；特别是汉平帝时（1—5年），黄河水冲入鸿沟，淤塞更为严重；汉明帝永平十二年（69年），王景和王吴共同治理黄河、汴水，汴河水运能力有所恢复。鸿沟修成后，历经秦汉、魏晋、南北朝历代修整，一直是中原地区黄淮间的主要航运线路之一。

# 汴渠

汴渠又称汴水，由鸿沟的上段与汳水连缀而成。原是隶属于鸿沟水系中的一条普通水道，流经黄淮平原北部，横贯而出。据《汉书·地理志》记载，汴水在流经途中接纳了来自荥阳西南的旃然水，并一度视旃然水为汴水上游，在其渐次取代鸿沟南下颍水的正流而成为从中原通向东南的航运干道后，这一运道全程被通称为汴水。东汉后多称汴渠。随着光武帝刘秀迁都洛阳，全国政治经济中心随之转移，洛阳迅速成为全国漕粮汇聚之地。汴渠的水运之力此时也就显得越发的重要，其航运作用日益显著，乃至出现了“东方之漕全资汴渠”的情况。

汴渠在东汉时期经过王景的治理，水运条件大为改善，汴渠、黄河、阳渠等河道、运河被有机地结合起来，组成了通畅、高效的水路航运网络，适应了当时汇聚全国漕粮以资京师的要求。同时作为鸿沟水系的一部分，汴渠沟通了中原地区与江淮地区之间的联系，在经济和文化的交流上发挥着积极的作用。

# 永济渠

永济渠开凿于隋代，是沟通黄河与海河流域重要的航运水道，运河有相当的宽度和深度，可行大船，通航能力发达。

隋唐时，永济渠俱为漕运要道。隋大业四年（608 年），“诏发河北诸郡男女百余万，开筑永济渠，以引沁水南达于河，北通涿郡”。隋大业七年（611 年），炀帝乘舟经此渠北抵涿郡，并命江淮民船经此渠运粮至涿。在炀帝伐高丽期间，永济渠船运昼夜不绝。

永济渠作为隋代大运河的骨干部分，从中原通向北方，沟通了黄河以北的主要水系，成为贯通南北水运交通的北部纽带。永济渠的开通，为今天海河五大水系中卫河的形成奠定了基础。永济渠也是河南历史上所开凿的运河中，通航年代最久，且迄今仍在使用的一条最长的南北河道。

# 相国寺

相国寺位于北宋京都里城的汴河北岸，是开封历史上一座有名的寺院，更是北宋时京都开封繁荣的交易市场和航运中心。古代开封周围多河流湖泊，水运交通便利。隋代南北大运河开通后，开封傍倚汴河，成为全国内河主要港口之一。五代时，后梁、后晋、后汉、后周均建都于此，水陆会通，外地商旅常装卸货物于开封，航运繁荣。相国寺往来船只多在此地停泊。

北宋时期，开封水路交通网形成，成为全国物资的重要集散地。“控引河、汴，南通淮、泗，北接滑、魏，舟车之所凑集”，“天下富商大贾所聚”，汴河沿岸桥头、巷口，作为临时装卸码头，成为百货阗拥之地。相国寺地理位置优越，临近汴河州桥，水陆交汇，引上济下，是汴河上下船只换乘的交接点，汴河上往来航运船只更是多在此地转运货物。为便于货物存放，相国寺附近还设有官办或民营的临时堆垛场，以储存东南各地运来的商货。于是，此地集汴河航运之便、货物转运之功，久而久之便逐渐成为当时开封城内主要的商业交易场所。

当时，相国寺市场上交易的商品种类繁多，运销范围甚广，从日常消费品到贵重奢侈品、各地土特产，甚至包括国外舶来品。相国寺市场上交换集散的商品，大都是利用运河船只运输到此。相国寺利用其船只免税的特权，往来运河之上进行贸易，客观上加强了各地之间的经济联系，促进了航运贸易的繁荣，相国寺也成为当时汴河航运的中心。北宋时期相国寺的开放型贸易是中国历史上城市商品经济发展的典型，具有重要的历史作用，而开封发达的河内航运网络和相国寺汴河航运中心的地位，则是北宋开封相国寺市场繁荣最重要的两个因素。

# 惠民河

惠民河是古沙水在不同历史时期的不同称谓。起自今河南新郑县，导洧水（今双洎河）东北流，经宋楼（今河南尉氏洧川镇南）、朱曲（金尉氏朱曲乡）二镇，至开封城西十里注入琵琶沟（即蔡河上源），由东京开封府外郭南垣普济水门入城，复由广利水门出城。沙水古时候为鸿沟的一部分，至唐初时已无通航之力。唐代后沙水改称蔡河，北宋时朝廷对蔡河大加治理，使其成为北宋时期东京汴梁四大漕河之一。宋时蔡河以开封为中心，分东、西两大河段，分称东、西蔡河。

北宋建隆元年（960 年），导闵水东北流至开封城南汇东蔡河。乾德二年（964 年），陈承召率数千人开凿河渠，引潩水入洧水，东北会闵水至开封，增加了蔡河的水源，且将许、汝二州的物资输往京师。从此，“潩水无水患，闵河溢通漕”。开宝六年（973 年），赐名“惠民河”，因在开封以西，故又称“西蔡河”，其后又将其作为闵、蔡二水的统称。

金、元以后，黄河泛滥，东京四大漕渠尽皆淤塞，东南漕运断绝，开封成为不通漕运的城市。元、明两代为了重新沟通东南漕运，在蔡河的基础上，开通了贾鲁河。清代乾、嘉以后，贾鲁河淤塞严重，加之海运发展，贾鲁河逐渐废弃。清末铁路大兴后，终于废弃。

# 赊店

赊店位于河南西南部地区南阳盆地东北部，北靠伏牛山麓，汉水支流唐河自北向南穿流过境，是古代中国四大商业贸易名镇之一。明清之时，赊店有潘、赵二河环绕，并交汇唐河流入汉水，进而直达长江，水系发达，航运便利，商贸亦因此而兴盛。赊店成为“北通汴、洛之动脉，南达湘、汉之津渡，东衢闽、越之喉塞，西连山、陕之要道”。

据清光绪三十年（1904 年）《南阳县志》记载：“湇水以东，唐、泌之间，赊店亦豫南巨镇也……地濒赭水，北走汴、洛，南船北马，总集百货。”可以说，赊店在当时“是南北九省商品集散地”，南下有潘河、赵河、唐河通汉水走长江水路之便利；北上也有洛阳、太原商道之便捷。赊店成为水陆货物转运枢纽，全国各省商贾云集于此。

唐河是沟通南北水陆交通的重要水路，赊店也由此成为长江水系航运最北端的出口。为满足众多商船的停泊需要，赊店镇在赵河北岸依自然之势铺设青砖、石阶，形成可供大小船只出入的后河码头。后来逐渐成为南北货物转运的通商大码头，是赊店商业鼎盛时期的第一象征。

河口码头位于赊店镇东南约一公里处，地处潘、赵两河交汇入唐河的河口之地，呈马蹄状，是在河心街码头、水门码头无法满足货物转运需求的情况下开辟的第三处码头。该码头开辟较晚，但一直沿用至解放初。新中国成立后，曾在此发掘出铁锚、瓷器、铜钱、沉船等众多文物。

# 第十六章

# 安徽省

安徽省地处华东地区，现今的区域版图大致奠定于清康熙六年（1667 年），其时清廷诏令分原江南省为东西两省，其中西侧一省取治下安庆、徽州两府首字为省名，定名为“安徽”并沿用至今日。历史上，安徽曾是全国最为富庶的地区之一，是国家财政收入的重要来源地，然在 19 世纪中期的太平天国战争中，安徽不幸成为双方激烈争夺的主战场之一，社会经济遭到严重破坏，经济地位由此下降。近年来，安徽省立足自身襟江带淮、沿江通海的区位优势与地处长江三角洲城市群的经济条件，奋起直追，社会经济发展取得了长足的进步。

安徽省南北长约 570 千米，东西宽约 450 千米，面积 13.94 万平方公里。安徽省水系发达，北侧淮河干道从皖北地区横穿而过，南侧长江干流经过皖南地区浩荡东流，最南方发源于皖南山区的钱塘江迤逦前行，一路奔流入海，安徽省境内密布的河流与湖泊大多属于这三大水系。密集的河湖网络造就了优良的航运条件，使得安徽地区的历史与航运活动结下了不解之缘。早在春秋时代晚期，吴国大夫伍子胥就曾在安徽地区主持开凿运河以供运粮之需，是为安徽地区最早的人工运河。三国时期，安徽地区成为统治北方的曹魏政权与割据江东的孙吴政权对峙争夺的前线，纵横密集的河流网络成为双方运送军需物资的便捷通道。唐宋时期，伴随着社会经济的发展与漕运的兴盛，安徽地区的航运获得了长足的发展，商漕船舶在星罗棋布的河湖网络中往来穿梭。至明清时期，随着徽商群体崛起成为具有全国影响力的大商帮，安徽地区的航运业也进一步繁荣兴盛。利用便捷的水路交通条件，徽州的商人们将生意版图拓展至沿江地区的各个省份，进而扩张至全国。

漫长的航运历史，为安徽省留存了深厚的航运文化积淀。长期的航运活动，亦在江淮大地上刻下了诸多痕迹。

# 芜湖中江塔

芜湖中江塔始建于明万历四十六年（1618 年），清代康熙八年（1669 年）续建落成，前后历时 41 年。因芜湖古有“中江”之名，故该塔得名为“中江塔”。中江塔为楼阁式砖木结构风水宝塔，八角五层，每边长 4.1 米。塔高 43.7 米，其中塔刹高 10.16 米。每层四窗，错置相间，每窗左右各设一灯龛，专供夜间置灯，以作导航来往船只之用。

数百年来，中江塔巍然耸立于青弋江与长江交汇处的江堤上，为往来船舶照亮前路，指引方向。中江塔如今已成为芜湖市乃至安徽省的重要地标性建筑，获得了“江上芙蓉”的美誉。据传中江塔的塔顶于乾隆年间毁于大火，在其后二百余年的时间内，塔顶始终未能恢复。1988 年，芜湖市政府调拨专款对中江塔进行了修复，重修塔尖并加挂风铃，宝塔终于恢复了风貌。2004 年 10 月，中江塔被列为安徽省文物保护单位。

# 芜湖海关大楼

芜湖海关大楼位于芜湖市新芜区滨江北路，旧芜湖海关为旧中国四十处海关之一。1876 年，中英《烟台条约》签订，芜湖被增辟为通商口岸。翌年 4 月，英国正式向芜湖派驻领事并成立芜湖海关，芜湖正式对外开埠。芜湖海关最初租借民房办公，后因海关业务量扩大而拟在陶沟以南划地新建办公场所，然因征地工作进展缓慢，直至 1912 年方划定施工范围。1917 年，海关大楼正式动工建设，工程历时两年有余，于 1919 年 7 月正式竣工并投入使用。

海关大楼坐东朝西，面临长江。建筑面积 1 101 平方米，平面接近正方形。主楼为柱廊式砖木结构，两层，四坡屋顶，铁皮铺盖屋面。钟楼为四层，高 19.55 米，楼顶设有瞭望台。钟楼四面各有圆形舷窗一处，三层之上的四角各有塔式权杖一处，西、南、北三向各有一圆形铜钟。

芜湖海关大楼作为芜湖海关的驻地及办公地服务近 20 年，直至 1938 年芜湖沦陷、海关人员南撤，方结束这一使命。1946 年芜湖海关被裁撤，海关大楼被安徽省货物税局接收并用作办公楼。新中国成立后，海关大楼又被长江芜湖航道处接收。2004 年 10 月，芜湖海关大楼被列为安徽省重点文物保护单位。2005 年，芜湖海关大楼重新划归 1980 年成立的芜湖海关管理。2012 年，芜湖海关大楼经过修整后对公众开放。

# 芜湖太古楼

芜湖太古楼为英商太古轮船公司旧址，位于今安徽省芜湖市镜湖区江岸路49号。1905年，英商太古轮船公司率先在芜湖租界内购置滩地，建码头，架栈桥，开展船运业务。此后，又在码头附近建造了商务办公楼，是为芜湖太古楼，亦称“太古洋行”。该楼外观简洁，内部布局紧凑合理，是典型的英国式商业建筑。

太古轮船公司是晚清时期进入芜湖最早、营运时间最长、对芜湖影响最大的外国轮船公司。而芜湖太古楼作为太古轮船公司驻地，在见证了西方列强对中国航运业掠夺与控制的同时，也见证了安徽近代航运业的起步与艰难发展。2001年，芜湖太古楼被芜湖市政府列为市级重点文物保护单位。

# 芜湖港

芜湖港是我国内河主枢纽港之一、国家一类口岸，是长江煤炭能源输出第一大港，也是安徽省最大的港口，素有“皖南门户，长江巨埠”之美誉。芜湖港地处青弋江、运漕河与长江汇合处，沿长江东下距南京港96公里，距马鞍山港48公里。

芜湖港岸线顺直，水深流缓，可常年靠泊5 000—10 000吨级船舶。南北岸线全长190公里，拥有各类泊位60余座，年通过能力5 000万吨。芜湖港经济腹地延伸到皖东西腹部，又有江北的无为、含山、巢湖等地区为依托。腹地内茶、丝、木材、棉、钢铁、砂石、水泥、矿石等土特产、农产品、矿建材料货源充足。港口所在地芜湖市为全国“四大米市”之一，粮食运输为芜湖港提供了一项稳定的大宗货源。

作为长江第一大煤炭能源中转港的芜湖港裕溪口煤码头和作为安徽省最大的外贸、集装箱主枢纽港的朱家桥外贸码头是芜湖港两大主业港区。芜湖港裕溪口煤码头目前年实际通过能力为1 280万吨，最大年通过能力达1 580万吨，煤炭堆场一次堆存能力达60万吨。来自淮南、淮北、山西、河南、山东的煤由铁路运到裕溪口中转，其吞吐量占全港的60%左右。朱家桥外贸码头是安徽省最大的外贸、集装箱主枢纽港，是安徽省对外贸易的重要窗口，是一座集散货、件杂货、集装箱、汽车滚装等中转运输一体化物流服务的综合性码头。芜湖港作为安徽省最重要的水陆交通枢纽，在促进航运发展、辐射地区繁荣、联动长三角区域一体化等方面，起着重要作用。

# 寿县寿春港

寿县寿春港由古寿春治下的一系列港口、渡口、码头、船厂等航运保障设施共同组成。其中寿县城关码头位于淮河与淝河汇合处附近，古时曾为一处重要的交通枢纽，在近代亦曾作为一处重要的小轮停泊处使用。另有东津古渡，旧名“长濑津”，曾是“淝水之战”主战场，坐落在寿县城东门外的淝河上，为淝水入淮要津。

寿县是我国历史文化名城之一，古称寿春、寿阳、寿州。其地北滨长淮，东依淝水，南有巨泽芍陂，“控扼淮颍，襟带江沱，为西北之要枢，东南之屏蔽”。早在先秦时期，寿县就是漕路要津，是水陆交通枢要。公元前 241 年楚考烈王自陈迁都寿春，使寿春一跃成为当时楚国的政治、经济、文化中心。北魏时期，大批船厂与码头被设置于肥水和淮水的东西两岸及淮水南岸，这些船厂与码头大多位于寿春治下，使得寿春迅速成为南楚地区规模较大的商业港口和造船基地。大小船只聚集于此，舟楫南来北往，商贾云集，万货咸备，一派繁荣景象。

北宋以后，随着漕运航路与水上商路的变迁，淝水至濡须水航道的航运地位逐渐下降，河道逐渐湮废，许多航运设施也随之荒废。城关码头所在地已被县政府规划城市建设征用，东津渡也已经为现代桥梁所代替。然而如今，正在建设中的江淮运河为寿县港口带来了新的发展机遇。运河河道自寿县东淝河五里闸枢纽入淮，寿县港口的航运地位再次得到重视，被定位为江淮航运枢纽港，书写着航运故事的崭新篇章。

# 巢邑港口码头

巢邑港口码头遗址位于裕溪河上游老航道，自西门（今老坝口）至东门（今码头公园），岸线长约1 000米。据史料记载，古天河内进巢城，上接巢湖，下通长江，使巢县成为水上要口。宋人《居巢县》诗中，有“巢湖日落有归船”之语，古巢十景中也有“屋内行舟”一景，即行船入港的景观。

码头主要形成于三国时代，建安二十二年（217年），曹操进军居巢，孙权退保濡须（今东关），吴、魏即在今巢县、无为等地进行旷日持久的战争，水运成为双方运送兵员、粮草的主要方式。太平天国战争时期，太平军视巢县为军队粮源之一，军粮经由裕溪河源源不断地运送至天京（今南京）。光绪二十四年（1898年），芜湖客轮通航巢县、合肥，巢县港又成为客运港。

1949年初，中国人民解放军在巢县一带利用巢湖、裕溪河及其支流港汊天然水域开展水上练兵，为百万雄师过大江做准备。建国初期，该港口只有3座石阶码头，其余都是自然岸坡。1950年3月，巢湖航务管理局成立后，开始对港口实行管理和建设。

20世纪60年代裕溪河航道改造，老河道不再使用。同时，巢湖市为改善城市面貌和城市水环境，在老港区进港航道上建一座闸桥合一的跨河建筑物，建新港拆老港。现码头迁至新规划的巢城港区，主要从事件杂货、罐装水泥运输。

# 第十七章 江西省

江西简称赣，因唐代其境属江南西道，故得名“江西”，又因境内最大河流赣江而得简称。“自江北视江南，江东在左，江西在右”，别称“江右”。江西位于中国东南偏东部、长江中下游南岸。东邻浙江、福建，南连广东，西靠湖南，北毗湖北、安徽而共接长江。全省土地总面积 16 万多平方公里，辖 11 个地级市、22 个市辖区、68 个县、10 个县级市，省会南昌市。

江西为长江三角洲、珠江三角洲和闽南三角洲地区的腹地，与东南沿海各港口和江北重镇的直线距离大多在 600—700 千米之间。万里长江由西向东流经江西省全境，湖口是长江中游和下游的分界点，“三江之口，七省通衢”的九江更被冠以天下“眉目之地”之称。境内除北部较为平坦外，东、南、西部三面环山，中部丘陵起伏，在地理位置上，形成了一个东、南、西三面山地丘陵环绕，向北开口的不闭合盆地。全境有大小河流 2 400 余条，赣江、抚河、信江、修河和饶河为江西五大河流，从东、南、西三个方向汇集到我国最大的淡水湖——鄱阳湖后，经湖口流入长江，从而构筑起江西东、西、南、北与外界沟通的水系。自古以来，以鄱阳湖为承接点，形成上承中原、外达江海的格局。

历史上，江西很早即利用天然河湖从事水运活动。春秋、战国时期，吴水军和楚舟师常争战于长江中下游广大水域。江西地处吴、楚、越交界区域，其主要河流已被广泛开发利用，沿江的一些水运条件较好的地区，开始成为物资集散地。秦汉时期，江西是当时京城长安通向东陲和南疆的水陆交通要道，乃战船靠泊、集结和补充军需之地。三国时，江西的水运路线已远达长江沿岸各港口，赣江成为长江流域漕粮和贩运贸易的主要运道之一。唐宋时期，江西的水运空前繁荣，元代的江西造船业居全国领先地位。明清时期，江西的航运和造船业进一步发展，沿江的部分港埠发展迅速，并逐步形成为重要的商业中心。清末至民国，江西航运有所衰退。新中国成立后，江西航运事业迎来复苏和振兴。进入 21 世纪，江西抓住长江黄金水道和长江经济带建设机遇，以“一江两港”（九江港、南昌港）为中心，重点推进“两横一纵”国家高等级航道（长江江西段、信江、赣江）内河航运体系建设。江西航运正进入加速推进期。

江西航运与江西城市的发展相互促进。历来江西的省、府、县的治所基本上都设在江河之滨。仅赣江一线就分布有赣州、吉安、樟树、南昌、吴城等 10 余座大小城市。这些城市或处于江之一侧，或是两江交汇处，都是水运发达的港埠。在长期的发展过程中，港口、城市互相依存、促进，并逐渐形成了以主要河流为走向的经济、文化带。

# 梅岭古驿道

梅岭古驿道位于赣州市大余县城以南 12 公里的梅岭上，建于唐开元四年（716 年）。原起自江西大余县城，经过梅岭至广东南雄市，全长 40 公里。沿途曾建有驿站、茶亭、客店、货栈等。现存古驿道，专指梅岭一段，约长 2.5 公里。古驿道鹅卵石铺设路面，长条青石固其边幅，宽 4.5 米，当年“十马可齐轮”，是全国保存最完整的古驿道。

梅岭处于大庾岭之咽喉，山势险峻，蜿蜒起伏，古驿道的地理位置极其重要，历来为兵家必争之地。当年，从中原起，经大运河、长江、鄱阳湖、赣江、章江、梅岭、广州至海外，这里是必经之路。古驿道沟通大庾岭南北，成为联结江西赣江与广东北江之间的一条纽带，大大疏畅了南北水陆联运的通道。它不仅保证了岭南地区的贡赋交税，提高了漕运的速度，而且交通直达海上，是海上丝绸之路的重要通道。

梅岭山巅的古驿道上，有梅岭关楼，是古代中原通往岭南的第一座关隘。关北为江西，关南为广东，故有“一步跨二省”之说。关楼为砖石结构，始建于宋嘉祐八年（1063 年），现存的关楼遗址，为明万历二十六年（1598 年）所重修。关楼有“岭南第一关”匾额。

梅关和古驿道是国家级第六批重点文物保护单位。

# 赣州古浮桥

赣州城三面环水。宋代以来，随着经济的高度发展，为了沟通城乡交通，便陆续在章、贡两江上架设浮桥（古代称浮梁，现代称舟桥、浮桥）。北宋熙宁年间（1068—1077 年），知军刘瑾在章水上架设了第一座浮桥即西津桥；南宋乾道年间（1165—1173 年），知军洪迈在贡水上架设了东津桥（即现在的建春门浮桥）；淳熙年间（1174—1189 年），知军周必正在镇南门外的章江上架设了南河浮桥（即南桥）。这三座浮桥，从宋代开始建造，除战乱时偶有废止外，一直沿用到现代，对于城乡之间的交通，发挥了巨大的作用。至 1990 年，西津桥和南桥先后拆除。目前，仍保存了最长的一座建春门浮桥。

建春门浮桥全长约 400 米，桥面宽 5 米，构造方法系每三只木舟为一组（个别的为 2 只木舟一组），然后在木舟上架梁，梁上再铺板，整座浮桥用了 33—35 节（视水位高度而增减）约 100 只木舟组合而成。每 3 只木舟为一节的长度是 12 米，木舟宽度 2 米，长 9 米。浮桥这一古老的交通设施，在赣州一直沿用了 900 多年，构成了今日赣州城特有的人文景观。

# 紫阳堤

紫阳堤位于九江市南康府城西南约一里处，宋淳熙前称“星湾石堤”，是江西内河经鄱阳湖至长江过往船舶的必经之地。每届春夏季节，鄱阳湖水位上升，湖面扩展，星子港岸受到洪水冲击，往来船只无法安全停泊拢岸。早在宋代元祐年间（1086—1093年），知军吴审礼“以郡治濒湖，风涛险恶，往来舟楫停泊无所，始构木为障”。崇宁四年（1105年）将木栅改为石堤，计长115丈，堤内浚二个水澳，可供众多船舶靠泊。淳熙七年（1180年）九月，朱熹知南康军时，请拨钱粮，修砌该堤。此后又经历多次的冲毁和修复。明正统元年（1436年）和景泰六年（1455年），时任知府都主持过修复紫阳堤的工程。从嘉靖到万历年间，有记载的修复还有4次。紫阳堤工程受到历朝历代当地官府和商民的重视，它是江西古代的伟大港口工程，是江西航运事业和港口建设的历史丰碑。

紫阳堤是第七批国家级重点文物保护单位。

# 锁江楼塔

锁江楼塔位于九江市滨江东路的长江之滨。舟船上下，数十里可见塔影，系九江城的象征，亦作导航、指引行舟之标志。

九江三面环水，地势低洼，古时水患不断。明万历十四年（1586年），郡守吴秀根据阴阳家之言，在临江的回龙矶上，历时18年，募资兴建了锁江楼，当时叫“江天锁钥楼”，高三层。相传大禹治水时，曾用铁牛镇水，故楼旁持有铁牛四只。楼南有文峰塔，又名回龙塔，砖石结构，七层六面，高25.26米，因位于楼旁，又名“锁江楼塔”。明万历三十六年（1608年）六月十七日夜，九江发生强烈地震，江水冲起数丈，矶岸崩塌，锁江楼及铁牛坠入大江，惟锁江楼塔完好无损。1938年6月，侵华日军溯江西上，连发重炮轰击九江。锁江楼塔中炮数处，其中两处弹洞直径达3.5米，塔身向东北方向倾斜。塔顶距塔中心线偏离75.5厘米，依然昂立在浔阳江头，充分表现了我国古代建塔的非凡技艺。

锁江塔楼是国家级第七批重点文物保护单位。

# 三间庙码头

三间庙码头位于景德镇市昌江区三间庙村东侧、临昌江西岸，与里市渡码头相望，西接三间庙古街。码头由长条花岗岩砌就人车双道，人行道为台阶，车行道为坡道。根据相关资料和条石磨损程度推测，约建于明代早中期，以后不断修缮。

景德镇以盛产陶瓷而饮誉中外。享有“白如玉，明如镜，薄如纸，声如磬”美誉的景德镇瓷器“行于九域，施及外洋”。三间庙曾是景德镇商船云集、人声喧哗的水路码头。“陶舍重重倚岸开，舟帆日日蔽江来”描述的就是当年此处的繁华。作为明清之际景德镇最重要的货运码头之一，三间庙码头见证了景德镇瓷器从这里装船启航，经鄱阳湖入长江，再扬帆出海，运往世界各地。直到中华人民共和国成立初，公路交通发展，三间庙的石码头才从繁华喧闹中逐渐归于平静。

# 河口明清古街

河口明清古街位于上饶市铅山县河口古镇的北部，是上饶市河口古镇最重要的中心街区，也是江西保存最完整、最长的古街。明清古街见证了河口因航运而兴盛的辉煌。作为明清时期以河兴商、以商兴市的典型代表，河口明清古街是明清以来各种建筑文化的荟萃之地，也是明清时期以纸和茶为代表的中国传统文化的传播之地。

河口镇位于江西东部，地处信江中游，这里水势平缓，便于行舟，四乡物阜，利于货殖。明清古街是河口古镇的主要街道。北临信江，数处稍有曲折，店屋南北相向（西端的半边街仅南侧建店）。路面用长条青石和麻石铺砌而成，街石上布满花车（以前用来装运货物的一种独轮车）车辙。老街原貌基本完好，店屋门面原貌保存较好的还有300余家，有的铺面额坊上，老字号的印记清晰可辨。

# 樟树望津楼

樟树望津楼位于樟树市西南赣江边大码头石级坪台上，又名“望津亭”，始建于清道光二十一年（1841 年），咸丰七年（1857 年）毁于战乱，光绪元年（1875 年）重修，后又经历两次维修。望津楼因处重要渡口，居码头之上，登楼可远望赣水，清代曾设卡课税。为商贾税收之要津，故名为“望津楼”。大码头系赣水交通必经之地，过往舟船靠泊之点。

樟树位于江西中部，是袁河与赣江的交汇处，水陆交通便利。明清时代，樟树因“八省通衢之要冲，赣中工商之闹市”而被列入江西四大名镇之一。樟树素有“南国药都”之称，自古为中国药材集散地，享有“药不到樟树不齐，药不过樟树不灵”的美誉。樟树药业始于汉晋，兴于唐宋，盛于明清；三国时设有药摊，唐代辟为药墟，宋代形成药市，明清为“南北川广药材之总汇”。

# 姑塘海关旧址

姑塘海关地处长江进出鄱阳湖的咽喉要道，始建于清代雍正元年（1723 年），原为清政府所设税收关卡，称为“九江钞关姑塘分关”。1861 年，清政府在英、法胁迫下成立九江海关，代替原来的九江钞关。1901 年，英国又强迫清政府将姑塘分关划归九江海关管辖，易名“姑塘海关”。

姑塘海关现存建筑建于 20 世纪初，是九江口岸开埠以来最早的建筑之一，由当时主持九江海关的赫德聘请九江知名营造（建筑）商张谋知承建，为中西合璧式建筑。建筑面积 2 028 平方米，粗大东北松做横梁和顶柱，房顶用青石板为瓦，墙体由青砖砌筑，外墙面铺鹅卵石。后山坡上设有监督税收、查缉走私的炮台 1 座，鄱阳湖面上进出船只均在射程之内。1931 年姑塘海关正式关闭，1938 年遭受侵华日军轰炸。1987 年列为江西省级文物保护单位。

# 第十八章

# 湖南省

湖南省位于我国中部，居长江中游，是典型的内陆省份。历史上，湖南省水资源丰富，受地貌形态西南高、东北低的影响，省内河流多发源于南、西面的山地，境内湘、资、沅、澧四大干流及其支流贯穿全省汇入洞庭湖，以洞庭湖为辐聚状，再由北部城陵矶入长江，形成一个完整的扇形洞庭湖水系格局，外联长江，内通市镇。

由于降水充沛，洞庭湖水系水量丰富，又因各流域多处丘陵平原地带，河道宽阔、水流平缓，洞庭湖水系拥有较好的天然航道。湘省境内 95% 以上的市镇分布在这张稠密的水运网络之上。水道四联，水港四布，水运四通，形成了得天独厚的水运优势。

湖南地处南北交通要冲，具有沟通东西连接南北的天然优势，与周边鄂、赣、粤、桂、川、黔六省毗邻。地理位置上的相连，不仅为相邻两省间之交流往来提供了便利，依托水运网络的延伸，湘省更成为沟通东西连接南北的重要通道。贯穿全省的洞庭水系，支流罗布，延袤近万公里，覆盖全省的市镇，同时还与长江中游其他水系贯通，东与江西鄱阳湖、赣江水系相通，南与珠江流域广东北江水系、广西西江水系相连，西与川、黔两省的乌江、清江相接，北与湖北黄盖湖水系相汇，在连接东南沿海港口与中西部广大腹地、沟通区域与全局中发挥了重要的桥梁作用。

湖南省内河航道条件优越，水运历史悠久，最早可以上溯到春秋、战国时期，史载“舳舻蚁集，商贾云臻，连阁千里，炊烟万户”，便是对湖南水运鼎盛时期的生动描述。湖南省境内 95% 以上的城镇依水而存，因此自古便有“泽国”之称。境内保留了丰富而珍贵的航运文化遗产，见证了数千年来湘境先民征服自然、改造自然的历史进程。

# 澧县城头山古舟船遗址

澧县城头山古舟船遗址，位于湖南省常德市澧县车溪乡，是中国南方史前大溪文化至石家河文化时期的遗址，也是迄今中国唯一发现时代最早、文物最丰富、保护最完整的古城遗址，被誉为“中国最早的城市”。1979 年湖南省文物普查时，澧县考古工作者首次发现城头山遗址。1991 年至 2011 年，湖南省文物考古研究所曾先后 13 次对其进行考古发掘，揭示出一大批新石器时代遗址，先后出土有古城遗址、氏族墓葬、大型祭坛、灌溉设施完备的水稻田等大批珍贵文物、遗迹。

1993 年 11 月，在城头山遗址二期环壕静水沉积层中，发掘出土古舟船遗迹，出土有艄、船桨，以及木构件等行舟工具，其时代为大溪文化二期，距今 5 000 年左右，是现存历史最久远的舟船遗迹之一。由此可见，早在距今约 5 000 年前，此地已经有了较为发达的水上交通。该遗址是中南地区航运发展的历史见证。

# 岳阳大矶头

大矶头又名临湘矶、寡妇矶，位于岳阳市云溪区陆城镇附近的长江边上，呈弧形伸出江面，长约 150 米、高 7.2 米，花岗石垒砌。

大矶头占地面积达 1 500 多平方米，自下而上依次建踏步三级（可根据江水涨落分级使用），各级棱角均磨圆，近山脚处设排水沟。一级平台起于长江礁石，高 1.7 米，收坎宽 2.1 米；二级平台与马鞍上山腰平接，高 2.9 米，收坎宽 2.05 米；而三级平台高 2.6 米，收坎直抵山腰，上竖石柱栏杆 108 根。在每级平台的坎壁上，还雕凿有分布均匀的篙窝和钩眼，是为了方便当时船人撑篙和纤夫们拉纤时攀爬抓手之用。

建于光绪初年的大矶头，原为来往船只上水、靠岸时纤夫拉纤所用，历经了百年风雨，至今仍能起到防洪的作用。矶头以东有宽大石级通道。矶东北沙窝古渡埠原为湘鄂水上交通要津，现建有长岭炼油厂的码头。

大矶头作为长江中下游水道上唯一保存的利用自然山体和礁石修筑起来的人工矶头，是研究长江航道和航运发展史的宝贵见证物和重要文化遗迹，为全国重点文物保护单位。

# 衡阳青草桥

衡阳青草桥，俗称“草桥”，相传古代韩愈过此而始建，故又称“韩桥”。位于衡阳市城北石鼓区石鼓书院旁，横跨蒸水，靠近蒸水汇入湘江的河口。此地原有渡口，称青草渡。

青草桥原系石墩木梁桥，系南宋淳熙年间所建，明嘉靖年间桥遭火焚毁，改建成石拱桥，并更名为“永济桥”。清康熙年间，又对该桥进行修缮，桥上开设40余间茶楼、酒肆、店铺，桥两侧悬建吊楼，风格别致，桥头草前街、草后街酒家林立，商贾云集，一时成为繁华之地。

清乾隆二十七年（1762年），洪水冲毁5个桥墩、栏杆，桥面石板也多处被破坏，又募捐修复，改称“青草桥”。1944年被日寇炸毁，1956年由市政府重建成宽敞的八孔石拱桥，全桥长160余米，宽10米，单孔跨径15米，现已成为连接衡阳南北交通的咽喉。

这青草桥下，曾经渔舟如织，渔歌如潮，“青草渔灯”成为衡州八景之一。青草桥头两端酒家、店铺鳞次栉比，素有“青草桥头酒百家”之称。清人朱佩连《清泉杂咏》诗赞：“潇湘八景画南描，雅爱衡阳青草桥。雨后凭栏新月上，渔歌欸乃橹声摇。”

# 江华江渡亭

湖南江华县境内多凉亭，常有“官道十里，五里一亭”之说。其中，民间影响最大的，莫过于位于江华沱江镇阳华田村的江渡亭，又称“快行亭”，有“瑶都第一亭”的美誉。

江渡亭建于潇水河畔的河埠头，始建于明代，清乾隆、宣统年间均有过修缮。该亭为石结构，面积约 90 平方米，内有石柱楹联 4 幅，碑铭碑刻 18 方。

河埠头既是渡口，又是码头。商旅们停船靠岸，登二十八级青石台阶，便见“快行亭”，这里成为南来北往的客商短暂歇息之地。亭内立有捐建凉亭碑，有楹联、碑记，有石凳、石墩等陈设。此外，我们还能看到清乾隆五十七年（1792 年）进士伍蓉撰写的《修两岸码头碑记》，以及“过往客商，如遇洪水在，不准勒取分文”等警示碑。

江华境内的这些古凉亭，历经沧桑，以江渡亭为代表的十余个凉亭依然挺立在山野荒郊的阡陌之间，形成了独具一格的地域文化特色。如今的江渡亭，掩在林间，远离了历史上客商穿梭、渡口热闹繁忙的画面，却依然向我们诉说着曾经的繁华。

# 怀化普济桥

怀化普济桥位于湖南省怀化通道县坪坦乡坪坦村寨，跨越坪坦河，是坪坦河上的风雨桥群中的一座单孔跨径最大的风雨桥。始建于清乾隆二十五年（1760 年），清光绪二十一年（1895 年）、民国三年（1914 年）有进行维修，2006 年被公布为全国重点文物保护单位。

普济桥系单孔伸臂悬梁木拱构造风雨桥（又称廊桥），全长 31.4 米，宽 3.8 米，单孔净跨 19.8 米。该桥的木拱设计精巧、工艺精湛，为 4 柱 3 间排架，由 11 廊间连为一体，两头均砌有风火墙。桥的两岸各有一个半空心的石墩，伸臂梁插在石墩内，以大卵石弹压，然后叠梁再压卵石，直至两岸伸臂梁合拢。这种工艺修建木桥极为罕见，被专家誉为“我国古老造桥术的尾闾，也是国内桥梁建造史上最后的、罕见的一批活化石”。

据当地人说，当年坪坦古寨是湘、桂边界古商道上商贸物资集散码头，那时没有公路，山外的“洋货”全由洞庭、沅水水道上来的商船承运，逆流而上运到这里以后，只能改为力夫肩挑运往桂北等地区。水运繁忙，为了不影响船只通航，侗族工匠选择这种木拱构造设计修桥。

此桥现在仍为侗寨赶集交易和供人行走的通途。

# 洪江古纤道

洪江古纤道位于洪江城郊鹭鸶滩滩头和天柱峰下的萝卜湾，建于清代早期，境内全长约8公里。湖南怀化洪江，历史悠久，底蕴深厚，是“湘黔古道”上经济、文化活动的“桥头堡”，是我国古代“海上丝绸之路”的重要节点之一。洪江水陆交通发达，历来为西南各省物资集散中心。

明清时期，洪江逐渐发展成为一处重要商埠，虽偏处西南边陲，横袤不过十余里，但地扼湘、滇、黔咽喉要道，沅、巫两水和“湘黔古道”越境而过，上可达滇、黔、桂、川，下能通沪、汉、荆、扬，是西南物资运往中南直至吴越、沿海地区的唯一交通要地。据史料记载，这里明代即有旅运、漕运、驿运、军运、货运等各种水上运输。明末清初，洪江凭借得天独厚的水运交通条件，将那些产自滇、黔、桂等周边地区的木材、五倍子、水银、朱砂和白蜡等特产集聚洪江，进行包装或加工，然后再换成洪江商船，经沅水，入洞庭，进长江，运至常德、长沙以及鄂、赣、浙各埠，并转销海外市场。随之，又将长江流域及沿海地区的丝绸布匹、苏广百货、瓷铁首饰等日用品运回洪江，再换成苗船（一种小船，又称麻阳船），或走陆路，通过马帮、挑夫散销滇、黔、桂等西南山区。

行商流动，来往反复，各地商贾沿江河而上下，打通南北商业水陆通道，且商业线路越辟越长。一方面，因为经营的需要，迫使商贾们开始沿江河岸边市镇建立中转站和客住地，同时为了维护行业利益，联络同乡之情，他们各成一帮，相继设立了各种行业宫馆和同乡会馆；另一方面，为了方便纤夫和商客行走，故在江岸不便于行走的石山上凿掘此纤道，目前纤道边的石壁上仍保存有当时洪江木商常德帮、金寿帮、长沙帮、黄州帮、益阳帮、江汉帮等商帮地界碑桩多处，见证当年繁荣的航运贸易景象。

# 岳州关

岳州关又名“城陵矶海关”，俗称“上洋关”，建于清光绪二十七年（1901年）。官署设在内连湘、资、沅、澧四水，外通近海远洋的岳阳城陵矶近三江口处，居山丘之巅，处江湖交汇要冲，地理位置十分优越，是对过往船只进行监督和管理的极好场所。

原岳州关有三座关房及附属建筑，中下关房已于1992年城陵矶扩建港区时拆毁。目前，在城陵矶港的小山包上，还保留有一座关房，这栋英式旧建筑外形为二层券廊西式建筑，砖、木、石混合结构，设计巧妙，层次分明，上下两层各有大小房间若干，两层回廊均为西式券门配以砖砌方柱，门窗高大，并大量使用玻璃。

承载了整整一个世纪悲喜的岳州关，是湖南航运历史发展的缩影。作为清政府自鸦片战争门户开放以来的通商口岸之一，也是岳阳及湖湘地区对外开放的历史见证，岳州关成为湖南进入近代社会的一个重要标志，其西式建筑又是研究建筑发展史的宝贵实物资料，现为第七批全国重点文物保护单位。

2005年，岳阳海关接收了“洋关”，希望“恢复原址原貌，修旧如旧，把它建成名副其实的海关陈列馆和爱国主义教育基地”。

# 第十九章

# 湖北省

湖北省简称鄂，因位于洞庭湖以北得名。北接河南省，东南和南部紧邻江西、湖南两省，西依重庆市，西北与陕西省相邻。湖北省位于中国东部季风区的中心地带，典型的亚热带季风性湿润气候，具有相对丰富的雨水资源。由于湖北位于长江中游，长江最大的支流汉江又在境内汇入，以长江和汉江为骨架，形成了“江汉纳千河”的水系网络格局。省内大小河流河众多，多发源于山区丘陵地带，在山地丘陵与平原连接处多形成比较大的落差，蕴含着丰富的水能资源，尤以鄂西最为丰富。著名的葛洲坝、丹江口、隔河岩、三峡工程等水电枢纽均在湖北境内。江汉水系还有一个特点是湖泊成群，湖北素有“千湖之省”的称谓，湖北的湖泊集中分布于江汉平原和鄂东沿江平原地区，历来对调蓄、灌溉和航运作用巨大。

全省境内河流总数和总里程均居全国第二位，境内有长江、汉江和江汉运河 3 条国家规划的高等级航道，共有港口 51 个，长江干线港口 25 个，其中国家级主要港口 4 个，湖北水运网是连接中国东中西三大经济区的纽带。湖北水运腹地广阔，覆盖全省，内联全江，外通海洋。优越的地理环境，丰富的自然资源和物产，为湖北航运业的发展提供了优渥的基础。

湖北航运历史悠久，伴随航运工具的变化及经济社会的发展，分布于长江、汉江及各支流沿线的水陆枢纽之地逐步发展为大小不同、类型各异的港口。港口进行客货吞吐，河流的干流联系支流，支流向腹地延伸。历史上，伴随航道的疏浚拓展、航标的布设、船舶的建造，湖北全省逐渐形成航运要素齐备、功能多样、支撑全域的航路网络。湖北航运逐步成为长江航运的重要组成部分，其承东启西、交流南北的地理位置，为各类物质文化的交流提供了重要场域。基于航运业的发展，全省形成和保存了大量的航运文化地标，这些地标是湖北航运历史及现今发展的缩影和见证。

# 江汉关大楼



江汉关大楼位于湖北省武汉市汉口江汉路和沿江大道交汇处，东南临长江，是武汉市标志性建筑之一，也是原汉口租界的核心建筑。

汉口海关于1861年11月成立。1922年11月4日，江汉关成立60周年时，该楼举行奠基典礼，于1924年1月21日正式落成。1924年开始，江汉关奏响《威斯敏斯特》序曲，“文革”期间曾改奏《东方红》，1987年又改用《威斯敏斯特》报时并沿用至今。

江汉关大楼无论从外观还是建筑质量，都堪称当时国际先进水平。它作为中国半殖民地半封建社会的历史见证，也是中国从闭关自守走向开放包容的载体。它是汉口开埠的见证者，是武汉航运历史文化的纪念碑，具有重要的历史价值和建筑艺术价值。

2012年11月19日，武汉海关正式搬离江汉关大楼。历经3年改造后，2015年12月28日，江汉关变身为江汉关博物馆正式对公众开放。

# 武汉长江大桥

武汉长江大桥位于湖北省武汉市武昌区蛇山和汉阳区龟山之间，是万里长江上的第一座大桥，也是新中国成立后在长江上修建的第一座公路铁路两用桥，被称为“万里长江第一桥”。武汉长江大桥建成伊始即成为武汉市的标志性建筑。

武汉长江大桥是苏联援华 156 项工程之一，于 1955 年 9 月动工，1957 年 10 月 15 日正式通车。全长约 1 670 米，上层为公路桥（107 国道），下层为双线铁路桥（京广铁路），桥身共有 8 墩 9 孔，每孔跨度为 128 米，桥下可通万吨巨轮。8 个桥墩除第 7 墩外，其他都采用“大型管柱钻孔法”，这是由中国首创的新型施工方法。

武汉长江大桥是万里长江上的第一座大桥，将武汉三镇连为一体，极大地促进了武汉的经济社会发展。同时，大桥将被长江分隔的京汉铁路和粤汉铁路连为一体，从而连通南北，形成了完整的京广铁路，对促进中国南北经济的发展起到了重要的作用。

1956 年 6 月毛泽东在《水调歌头·游泳》中题写的“一桥飞架南北，天堑变通途”，正是对武汉长江大桥沟通中国南北交通这一重要作用的真实写照。作为中国第一个五年计划主要成就，大桥图案入选 1962 年 4 月发行的第三套人民币，成为新中国国家建设的重要标志。

武汉长江大桥是中国著名的旅游景点之一。2013 年 5 月 3 日，武汉长江大桥成为第七批全国重点文物保护单位。2016 年 9 月，入选“首批中国 20 世纪建筑遗产”名录。2018 年 1 月，入选中国第一批工业遗产保护名录。

# 三峡大坝

三峡大坝位于湖北省宜昌市。其主体工程包括主体建筑物和导流工程，全长 33 335 米，坝高 185 米。工程于 1994 年 12 月动工，2006 年 5 月修建完成。建设三峡大坝的构想，最早由孙中山先生于 1919 年在其《建国方略》中提出。新中国成立后曾进行数十次的三峡工程论证工作，经过几代水利专家数十年的勘查、研究、设计、论证，七届全国人大五次会议于 1992 年 4 月 3 日通过了《关于兴建长江三峡工程的决议》，并将其列入国民经济和社会发展十年规划。

枢纽主要建筑物由大坝、水电站、通航建筑物等三大部分组成，其中通航建筑物包括永久船闸和升船机。永久船闸为双线五级连续梯级船闸，可通过万吨级船队，船闸主体建筑物主要包括闸首、闸室、输水系统、闸面交通等四部分，全长 6.4 公里，是目前世界上已建成船闸中连续级数最多、总水头和级间输水水头最高的船闸。升船机为单线一级垂直提升式，一次可通过一条 3 000 吨的客货轮，是世界上规模最大、难度最高的升船机。

三峡工程是迄今世界上综合效益最大的水利枢纽，在防洪、发电、航运、养殖、旅游、南水北调、供水灌溉等方面发挥着巨大作用。工程竣工后，水库正常蓄水位 175 米，显著改善了长江宜昌至重庆 660 公里的航道，万吨级船队可直达重庆港，年单向通航能力由 1 000 万吨提高到 5 000 万吨，称三峡工程为世界上改善航运条件最显著的第一枢纽工程当之无愧。

# 江汉运河高石碑 龙洲垸船闸

现代的“江汉运河”指南水北调中线一期引江济汉工程，是一条连接长江和汉江的中国当代人工运河。高石碑、龙洲垸船闸位于湖北省荆州市，是引江济汉通航工程的重要配套航运设施。

江汉运河通航后，直接影响湖北省内武汉以西的长江、汉江的沿江区域，面积达到9.15万平方公里，占全省面积的49.2%。工程建成后可有效解决南水北调工程中线调水对汉江中下游灌溉、供水、航运等问题，同时补充东荆河的灌溉水源，从流量上基本控制汉江下游“水华”的发生。

为了使运河的通航需求得到最大满足，湖北省交通规划设计院设计了两座船闸，一个在进水口的龙洲垸，一个在出水口的高石碑。这样可以让整个运河的通航河流里程达到3 500公里，极大地激活腹地水运能力。

从区域水运的角度来看，江汉运河对湖北省乃至中部经济的辐射拉动作用十分明显。江汉运河北联汉江，通豫、陕，南联长江，向东可通长江中下游省份，向西可至渝、川、贵，向南可达湖南与湘、资、沅、澧四水相连，对优化长江中游的水运网络具有十分重要的意义。

# 第二十章

# 重庆市

重庆市地处我国西南腹地，位于长江流域上游，坐落于嘉陵江与长江的汇合处。嘉陵江古称渝水，重庆因此简称“渝”。重庆东邻湖北、湖南，南靠贵州，西接四川，北连陕西，历来为我国西南地区融贯东西、汇通南北的枢纽之地。重庆市是中国历史文化名城，具有 3 000 多年的悠久历史，现在是长江上游地区的经济、金融、科创、航运和商贸物流中心。

重庆市境内江河纵横，水网密布，长江干流自西向东横贯全境，流程达 600 多公里，横穿巫山形成著名的长江三峡。在境内与南北向的嘉陵江、渠江、涪江、乌江、大宁河等五大支流及上百条中小河流构成辐合水系，重庆水运航道即以贯穿全境的长江干流及其重要支流綦江、嘉陵江、乌江、大宁河等为主体，自古以来被人们称为三峡航道或川江航道。丰富的水资源为重庆航运提供了优越的自然条件，航运覆盖了全市 70% 以上的区县。重庆航运历史悠久，航道险峻、航运文化丰厚且富于地域特色，如白鹤梁、长江三峡、朝天门码头、民生公司等，已经成为重庆航运文化的一张张名片。

重庆依水建市，因水兴市，是我国西部第一大内河港口城市，内河航运也一直是重庆市综合交通运输体系的重要方式之一。重庆是西部大开发的重要战略支点，处在“一带一路”和长江经济带的联结点上，在国家区域发展和对外开放中具有独特而重要的作用，是国家确定的长江三大航运中心之一。沿江建有万州、涪陵等港口和客货码头数十个，千（万）吨级轮船可终年通航。到 2020 年，重庆市将形成以“一干两支”航道体系和“四枢纽九重点”港口集群为构架，现代化船队为载体，航运服务集聚区为支撑的航运体系，初步建成“服务＋辐射”型长江上游航运中心。

# 白鹤梁

白鹤梁位于重庆市涪陵区长江南岸大江中，被认为是世界唯一保存完好的古代水文站。据民间传说，古时候白鹤常成群栖于石梁上，故名“白鹤梁”。白鹤梁原是矗立在长江江心的一块长约1.6公里的巨礁，通常只在冬春之交的枯水期才露出江面，其上留有三峡先民为测量长江枯水水位而雕刻的18尾石鱼，记载了长江1 200多年间72个枯水年份的长江水位资料。白鹤梁题刻是世界上已知时间最早、延续时间最长、数量最多的水文题刻，这对于研究长江水文、区域及全球气候变化、航运历史提供了重要的实物佐证。

梁上还刻有历代文人墨客留下的180多幅、3万多字真迹题刻，包括黄庭坚、王士禛等名家墨宝，被誉为“水下碑林”，人们可以从白鹤梁历代题刻中得到古代民俗、职官、语言文字、历史地理、历史事件等多方面的丰富资料。1988年3月，白鹤梁被国务院列为全国重点文物保护单位，联合国教科文组织将其誉为“保存完好的世界唯一古代水文站”。

三峡工程蓄水后，白鹤梁被淹没于40米的水下，随后在原址建成的白鹤梁水下博物馆，为文物保护、研究宣传、观众参观服务提供了条件。白鹤梁因其独一无二的历史文化价值，在航运文化地标中占有重要地位。

# 安居镇妈祖庙

铜梁县安居镇妈祖庙原系福建会馆，亦称“天上宫”，是渔民用于祈祷神灵保佑的宗教性建筑，内祀女娲圣母神像（亦说系九天玄女），于清乾隆四十四年（1779 年）建成。

妈祖庙址在县治大南门街，即今县织布厂所在地。主体建筑为闽南建筑风格，抬梁式结构与穿斗结构相结合，在巴蜀地区较为罕见，具有极其珍贵的文化艺术价值。庙内平面组织精妙，庭院楼台布局严谨，徽式建筑特色的马头山墙造型高低错落，富于变化，青瓦白墙，雕刻装饰题材丰富，雕刻技法高超，亭台楼宇、驼峰、斗拱飞瓜柱、雀替、撑弓等都有雕刻与彩绘。

安居镇位于重庆市铜梁区，因境内有大安溪（琼江）而得名，有“安居乐业”之意。安居古镇始建于隋朝，距今已有 1 500 多年历史，是重庆市北部重要的口岸城镇。古时商贾云集，航运发达，商船每次出行，船长都要到妈祖庙进香祈福保平安。妈祖庙因与水运行船的密切联系，而成为当地航运文化的一处重要标识。

# 重庆港

重庆港位于我国最大的直辖市重庆，为国家一类口岸，也是长江上游最大的内河主枢纽港。水路可直达长江八省二市，陆路与成渝、襄渝、渝黔、渝怀铁路和成渝、渝黔、重庆至武汉、重庆至长沙等高速公路相连。内河航运密度居西部第一，大运量、低成本水运优势独具，水陆空多式联运潜力巨大，是我国西部地区最为重要的水、陆、空综合交通枢纽之一。

重庆港经济腹地包括重庆辖区及云、贵、川等省市，主要从事港口装卸、客货运输、水陆中转、仓储服务、物流配送、酒店旅游等多种综合性经营服务。在长江流域重庆段600多公里岸线范围内拥有集装箱、件散货、重件、化工、旅游客运等泊位，年货物吞吐能力、集装箱吞吐能力、商滚车通过能力、码头泊位平均通过能力、特大重件装卸作业能力等都居于西部前列，此外还有果园港区、蓝家沱、猫儿沱、九龙坡和万州红溪沟5个铁水联运港区。重庆因港而兴，从原来的水埠码头，已经发展成为今天通达全球的多式联运中转站。

# 长江三峡

长江三峡位于重庆、湖北接合部，是瞿塘峡、巫峡和西陵峡三段峡谷的总称。全长 193 公里，西起重庆市东部奉节县的白帝城，东到湖北宜昌的南津关，依次经过重庆的瞿塘峡、巫峡，最后进入湖北宜昌秭归县的西陵峡。长江三峡两岸是高耸的悬崖峭壁，风光奇绝，江上水流湍急，险滩众多，江面最狭处仅有 100 米左右。

随着规模巨大的三峡工程的兴建，长江三峡航运条件更为优越，也是世界知名的旅游胜地。长江三峡峡谷内有"水下碑林"白鹤梁、"东方神曲之乡"丰都鬼城、石宝寨、"巴蜀胜境"张飞庙、蜀汉皇帝刘备的托孤堂、龙骨坡巫山文化遗址等。

长江三峡是重庆十大文化符号之一，有着悠久的航运历史、灿烂的航运文化。随着长江三峡水利枢纽工程建成，从根本上改变了长江三峡地区的航运状况，对于加快长江航运现代化建设，促进西南地区经济发展，助力"一带一路"建设均具有重大意义。

# 长江索道

长江索道位于重庆市，是中国自行设计制造的大型跨江客运索道，是当时国内设计的最大的往复式客运索道，运量大，运行时间长，开创了纪录。全长 1 166 米，连通重庆的渝中区和南岸区，往返于渝中区的新华路和南岸区的上新街。长江索道建成运营后，大大缩短了往返长江两岸的时间和距离，成为人们重要的过江交通工具。该索道已运行 30 余年，被誉为“万里长江第一条空中走廊”和“山城空中公共汽车”。

1987 年 10 月 24 日，重庆长江索道正式投入运营。2009 年，长江索道被列入重庆市文物保护单位。如今，长江索道过江摆渡的交通功能已经大大减弱，逐渐成为人们感受重庆山城立体交通的旅游景点。2018 年，长江索道被批准为国家 4A 级旅游景区，成为重庆的又一张城市文化名片，许多在重庆拍摄的影视作品与电视真人秀节目都将长江索道作为拍摄地。

# 朝天门码头

朝天门码头位于重庆市东北嘉陵江与长江交汇处，襟带两江，壁垒三面，地势中高，两侧渐次向下倾斜，人行石阶沿山而上，是重庆最大的水码头。朝天门原题“古渝雄关”，曾是重庆十七座古城门之一。两江汇合后，穿三峡，通江汉，一泻千里，成为长江上的“黄金水道”。作为两江枢纽，因其优越的地理位置，重庆的繁荣昌盛在一定程度上集中表现在这水上门户——朝天门。

朝天门码头，是重庆最早的自然岸坡式老码头，自古江面樯帆林立，舟楫穿梭，江边码头密布，人行如蚁。有着几百家的结舫水居者，日日呈现着水运繁忙的状态，是水陆运输的总枢纽。门外沿两边江岸有不少街巷，热闹喧哗，商业繁盛，门内则街巷棋布，交通四达。直到今天，朝天门一带仍是重庆最为繁华的商业区。

随着社会的发展变迁，重庆的城市建设发展也步入快车道，以朝天门为中心的区域正在经历一场华丽的巨变。2012 年，朝天门码头进行了新的设计改革，爆破拆除了重庆港客运大厦和三峡宾馆，新建了朝天门广场、CBD 中央商务区，繁华的长江码头已经远去，但仍然被大多数人认为是重庆城市中心的象征。

# 民生公司电灯部旧址

民生公司电灯部旧址旧称“总神庙”，又称“慧灵宫”，是老合川九宫十八庙的九宫之一。修建于明万历年间，清顺治时期重建，地点在今重庆市合川城区的瑞映巷14号。

1925年，著名的爱国实业家卢作孚回到家乡，在合川创立了后来成长为民国时期最大的民营航运集团企业之一的民生公司。1928年，民生公司由合川药王庙迁至慧灵宫，称民生实业股份有限公司总事务所，内分航业、电灯两部。1931年，民生公司航运事业逐渐扩充，发展为公司的主要业务。为方便管理，民生公司总事务所从合川迁到重庆。此处改为民生公司电灯部，主要经营电力等业务，1932年又增加抽水等业务。

民生公司从创立之初通过整合川江流域的航运资源，不断成长壮大，到抗战前夕，民生公司拥有长江上游70%的航运业务，成为当时最大的民族航运企业。抗战期间，民生公司以沉船堵塞河道，全力投入战时物资、设备与人员的内迁抢运，为民族和国家作出了巨大的贡献和牺牲，在中国早期轮船航运史册上书写了不朽篇章。抗战胜利后，民生公司业务更加拓展，成为当时中国最有影响的民营航运企业。

电灯部旧址是民生公司遗存至今最早的历史建筑之一，也是中国民营航运发展历史，尤其是长江上游航运现代化探索的历史见证和文化地标。2019年，民生公司电灯部与卢作孚旧居一起入选为第三批重庆市文物保护单位。

# 第二十一章 四川省

四川省位于我国西南部，地处长江上游，素有“千水之省”之称。其境内河流众多，多分布于四川盆地腹心。长江横贯东西，嘉陵江、岷江、渠江、沱江、涪江、金沙江等支流以及众多河流构成了川江水运网络，水运交通与蜀地生产生活息息相关。

四川航运历史悠久。远古时期的巴蜀人逐水而居，利用竹木的浮力，造船弄舟，载人载物涉水过江。夏末商初，川江水系的原始舟船活动已经兴起。战国时期，秦将司马错率领十万巴蜀兵士、万艘舟船，伐楚大胜而归。秦蜀郡太守李冰父子组织修建的大型水利工程都江堰，开创了岷江水系航运和木材漂运的历史先河，数千年来发挥着防洪灌溉的重要作用。借助优越的航运条件，蜀地贸易亦兴起，正如史载“巴蜀之粟，舫船而下，天骄蜀锦，远销吴、楚。”唐朝，号称天下繁华的扬（州）、益（成都）二州，常有“万斛舟”和“万里船”往来，交换吴盐和蜀麻。元代，意大利人马可·波罗在游记中记述了成都河中船舶舟楫如蚁，运载大量商品，可见四川航运发达。清朝时期，经历著名的“湖广填川”，数次人口大迁徙后，四川人口不断增加，内地同民族地区的商贸交易愈发频繁兴盛，促进了海神天妃信仰在四川地区的传播。大量的天妃宫由此而建，成为四川地区颇有特色的建筑遗存。

近代鸦片战争以后，伴随长江流域城市开埠，处于长江上游的四川也成为通航通商的省份。由于长江上游宜宾至宜昌段，属山地河流，水流湍急，河谷宽窄相间，河床起伏，航道弯窄浅险，素以滩多、礁多、雾多和水位涨落幅度大著称。为保障外国轮船航运安全，西人执掌的晚清海关在川江航道建设了航标。面对西方轮船公司对川江航运权的垄断势头，民族航运业应运而生。1909 年中国“蜀通”轮首航川江，开辟了川江商轮航运。1925 年，著名实业家卢作孚先生创办了民生公司。通过整合川江民族航运力量，短短几年，民生公司在与外轮公司的较量中取得了决定性胜利。在抗战期间，民生公司以沉船堵塞河道，并为转运战时物资、设备与人员作出了历史性贡献，是中国近现代航运史的丰碑。

中华人民共和国成立后至改革开放，历经几十年的建设，四川航运建设焕发生机，取得了划时代的发展。长江、内河航道建设大力提高等级，货运、客运市场不断开拓，港口能量升级。三峡工程给四川航运带来历史性机遇，运输生产连年上升。水运发展促进了四川造船业发展。如今行船川江，大吨位、大马力的各类船只呈现出千帆竞发、百舸争流的气象。四川省航运正朝着现代化方向发展。

# 都江堰

都江堰位于四川省成都市都江堰市城西，坐落于四川境内岷江，是秦蜀郡李冰父子在前人开凿基础上组织修建的大型水利工程。

据史载，蜀太守李冰父子率众辟离堆，疏岷水，通宝瓶口，贯成都平原，历经约十八载。都江堰主要由分水鱼嘴、飞沙堰、宝瓶口等部分组成，两千多年来一直发挥着防洪灌溉的重要作用。根据《华阳国志·蜀志》记述，航运和漂流水运木材是李冰修筑都江堰的主要用途之一。岷江水系通航和漂运木材历史悠久，为沟通藏羌少数民族地区同内地交流和物产流通做出突出贡献。新中国成立后，在国民经济发展和“三线建设”期间，国家急需木材，供需矛盾突出，都江堰水运木材倍增。每年春夏岷江水涨，沿河飞驰而泻的原木，经鱼嘴，穿宝瓶口，入柏条河，进府河。木材出河后，调拨销售到四川省内各地县、西南地区及南方各地。

如今，都江堰被评为世界文化遗产、世界自然遗产，是四川航运历史与文化的重要见证。

# 江口沉银遗址

江口沉银遗址位于四川省眉山市彭山区江口镇的岷江河道内，2010年被眉山市人民政府公布为第三批市级文物保护单位。遗址保护范围包括：东至公路，西至河堤，南至岷江大桥，北至两江汇合处。自20世纪20年代起，遗址所在的岷江河道内陆续有文物出水。2016年国家文物局批准四川省文物考古研究院联合国家文物局水下文化遗产保护中心、眉山市彭山区文物保护管理所联合对江口沉银遗址进行首次考古发掘，出水明清时期各类文物30 000余件。2018年第二期发掘，出水12 000余件文物，确认了江口沉银遗址为张献忠沉银地点。

出水的大量文物为研究张献忠大西军征战历史、政权建设和经济建设等方面内容提供了丰富的实物资料；同时对认识明代中晚期的社会经济状况、物质文化形态乃至明末清初以来的社会历史走向都具有重要意义。

江口是一座有着两千多年悠久历史的古老集镇，位于彭山东北，因其地处府河（锦江）、南河（武阳江）二河的交汇处，故名。江口曾为岷江主要水运集散码头之一，张献忠明末激战沉银江口的历史，也从一个侧面反映了当年航运的富庶与繁华。

# 仙市镇天上宫

仙市镇天上宫位于仙市古镇半边街，是清代福建籍盐商的同乡会馆。

仙市镇位于自贡市富顺县西北角的釜溪河畔，是自贡至成都、隆昌和荣昌等地的交通要冲，也是自贡盐运水陆运中转的枢纽。清代，由于自贡盐业发达，各地商人、移民汇集于此，其中尤以福建商人为代表。道光二十九年（1850 年），福建商人于清在此建造天上宫。该建筑呈四合院布局，由山门、戏楼、大殿、廊楼、东西厢房和耳房构成，四周用廊楼相连，两侧廊楼下的过街门洞与半边街相通。整个建筑造型别致，艺术精美，特别是其戏台雕刻线条流畅，栩栩如生，具有较高的文物价值。

仙市镇的天上宫，将商人们对福建的怀想与优美的仙市浅滩环境相结合，充分体现了以航运贸易而著称的福建人的宗教信仰、风俗民情与审美趣味。天上宫是仙市古镇上的重点古建筑群之一，反映了清代仙市地区会馆建筑特色，具有较高的历史、文化、艺术价值，对研究自贡盐业发展和当地的航运历史及文化具有重要价值。

# 安顺场

安顺场原名紫打地，位于四川盆地西缘山区雅安市石棉县西北部的松林河与大渡河的西南岸，作为重要的关隘渡口，历来为兵家必争的战略要地。1863 年 5 月，太平天国翼王石达开率军抵达安顺场，准备北渡大渡河。由于受清军围堵，石达开全军覆没，太平军将士血染大渡河，留下了千古遗恨。时隔 72 年，1935 年 5 月，中国工农红军长征在此成功强渡了被国民党军视为不可逾越的天险大渡河，继续北上。“安顺场”是由毛泽东同志长征途中所写《飞越大渡河》“安顺场边孤舟勇，踩波踏浪歼敌兵”中的诗句而来。渡口遗址建有中国工农红军强渡大渡河纪念碑及纪念馆，纪念碑高 5.25 米，运用了一块天然形成的大石头雕刻而成，塑有红军战士头像，镌刻邓小平同志题词。碑上的“红军渡”三个字是从 1983 年杨得志撰写的《安顺回忆录》中提取而来。

安顺场以“翼王悲剧地，红军胜利场”而闻名于世，由此载入中国革命史册。1980 年被列为省级文物保护单位。

# 第二十二章

# 云南省

云南地处中国西南边陲，西部、南部与缅甸、老挝、越南接壤，总面积 39.4 万平方公里，辖 8 个市、8 个少数民族自治州。作为人类文明重要发祥地之一，这里曾经生活着距今 170 万年前的元谋人，这是迄今所发现的亚洲最早的人类。自战国以来，滇族部落于此生息繁衍，创造了独具特色而又博大精深的地方文化。

云南地区属亚热带气候，山地高原地形。全省地势呈现西北高、东南低的阶梯状分布，全省河川纵横，湖泊众多，多数河流具有落差大、水流湍急、水流量变化大的特点，主要有金沙江、澜沧江、红河、南盘江、怒江等 5 条干流及其支流 60 多条，其中可开发利用的航道有 8 000 多公里，分属于长江、澜沧江、珠江、红河、怒江、伊洛瓦底江等六大水系，另有高原湖泊 30 多个和各类水库 5 500 座。

历史上，云南货物运输中水运多有陆运辅助。其中，清代开辟的金沙江铜路、传统的西江航运、近代法国人开辟的红河航运为云南三条出省水道，分别连接川、滇、桂、粤等省多个重要港口城市。除上述三条主要航路外，云南还有澜沧江—湄公河、滇池、洱海、抚仙湖、异龙湖内湖航运等几条较小航路。近代云南的航路在总量上虽不占据重要地位，但却是云南与四川、广西、越南进行货物交换的重要辅助交通，在一定程度上促进了云南省际贸易、国际贸易的发展，并生发出具有地域特色的航运文化。目前，云南省水运通航里程大约为 4 000 多公里，主要有澜沧江的景洪港、思茅港，金沙江的水富港、绥江港和昆明港、大理港等，云南亦开始通过航运的发展，来助推经济的提升。

# 马哈只墓

马哈只墓是我国明代著名航海家郑和父亲的安葬之地，位于云南省晋宁县昆阳城西郊月山之巅的西侧，坐东向西，面对青龙、凤仪二山，背临滇池。此处今已辟为郑和公园，园内建有郑和纪念亭和郑和纪念馆。

马哈只墓是在 20 世纪初被云南石屏袁嘉谷先生发现的，墓平面呈长方形，前立三块碑石，碑石上筑水泥拱顶，把三者联成一体。中间一碑质地为红砂石，高六尺，宽二尺六七寸，碑首镌刻篆文“故马公墓志铭”六字，永乐三年（1405）勒石。碑文作者系当时的礼部尚书兼左春坊大学士李至刚。铭文共十三行，计二百八十二字，其中三字模糊不清；碑阴记载了永乐三年郑和回乡扫祭之事。该碑左右另有石碑两幢，系后人所立，分别镌刻“明史三保太监传”及“郑和太公墓志铭跋”，皆为大理石材质。此墓对研究 15 世纪驰誉世界的航海家郑和的身世、族籍、宗教信仰等提供了丰富的史料。

# 会泽会馆

会泽会馆位于云南会泽县。会泽处于云南省东北部、金沙江东岸，历史悠久，秦汉时为古夜郎地，已有两千多年的历史，1995年被云南省政府列为历史文化名城。历史上，受水陆交通便利的影响，会泽的制铜业非常发达，至明清时期，会泽已发展成为众人向往的“淘金地”。铜商经济的发达，使人们自四面八方迁居会泽；明清时期，随着经济实力的增强，各省商人在会泽集资设立的“祀神、合乐、义举、公约”的同乡会馆逐渐开始建立，会泽因此而形成了汇集多省不同风格的“会馆文化”。

截止到2016年，会泽共有国家级会馆一座，省级会馆8座，府级会馆5座，县级1座，其中县城八大会馆分别是江西会馆、湖广会馆、贵州会馆、云南会馆、江南会馆、福建会馆、陕西会馆和四川会馆。八大会馆各有自己不同的神祇，崇拜神祇对会馆的形成和发展起着重要的维系与保障作用。同时，不同会馆拥有不同的建筑风格，以及多种民族的宗教信仰、民风与民俗，这种融各省之长又结合会泽实际建盖的民居民宅，透出了会泽多元文化及民族风情的品格和韵味，也形成了“十里不同俗，一巷不同音”的会馆文化。

2006年会泽会馆作为清代的古建筑，被国务院批准列入第六批全国重点文物保护单位名单。

# 双龙桥

双龙桥为清代古建筑，位于云南省红河州建水古城西 5 里处，是云南省著名古迹之一，并被列入中国造桥史册。因横跨泸江与塌冲河交汇处，故称“双龙桥”；又因共有 17 孔洞，俗称“十七孔桥”。

双龙桥为三阁十七孔大石拱桥，清乾隆、道光年间先后建三孔与十四孔，共计十七孔，全长 148.26 米，宽 3 米。桥中建有三层楼阁，两端各有亭阁一座，造型奇巧，为云南省规模最大、艺术价值最高的一座多孔拱桥，素有“滇南大观楼”之称。1965 年我国著名桥梁专家茅以升前来考察，将其列为全国大型古桥之一。2006 年 5 月 25 日，作为清代古建筑，被国务院批准列入第六批全国重点文物保护单位名单。

# 蒙自海关旧址

蒙自海关旧址位于云南省蒙自县城南湖东南隅。现存建筑为蒙自海关税务司署、法国领事府、花园、哥胪士洋行等保护点，多为光绪年间蒙自开关通商后修建的法式建筑。2006 年，蒙自海关旧址作为清至民国时期文物被国务院批准列入第六批全国重点文物保护单位名单。

蒙自海关是近代云南设置的第一个正关，也是近代中国二十一大海关之一。中法战争结束后，光绪十三年（1887）10 月，清廷与法国在北京签订《中法续议商务专条》，指定开广西龙州和云南蒙自为通商处所，蒙自成为中法之间的“约开商埠”。同年，清廷在蒙自设分巡临安开广道，兼管即将正式开关的蒙自海关关务，蒙自自此成为云南近代史上的滇东南军事、政治中心。光绪十五年（1889），蒙自海关落成并正式开关。清末民初，蒙自曾是云南省对外贸易的最大口岸，当时云南 80% 以上的进出口物资通过蒙自转运。蒙自海关原有房屋五十余间，今仅存一幢建筑，坐南朝北，为抬梁式木结构，曾于 1938 年夏至 1939 年春辟为西南联合大学文法学院教室。

# 水富港

水富港位于云南省昭通市金沙江畔，是长江干线航道起始港，是云南实现通江达海的重要航运枢纽港，拥有“万里长江第一港”的美誉，在云南省经济社会发展中具有重要地位。

1986 年，启动水富港建设一期工程，共建设 500 吨级泊位 3 个，设计年货物通过能力 30 万吨。为加快西部大开发步伐，主持云南构建国际大通道，交通部于 2005 年正式确定将长江水系航运主通道从四川宜宾港向上延伸至云南的水富港。伴随着这一大决策的实施，水富港抓住机遇，加快相关基础设施建设。2011 年，水富港改建完毕，当年港口吞吐量达 64 万吨，至 2016 年达到 160 万吨，云南当地烟、煤、矿石、木材等经过水富港源源不断地运往长江中下游各省，并将各省市的物资返运至云南各地。

目前，水富港新的扩建工作正在进行，扩建完成后，将使其连接云南与华中、华东更为便捷，成为贯通铁路、公路、水路的最佳运输枢纽结合点，名副其实的“长江第一港”。

# 景洪港

景洪港位于云南省西双版纳傣族自治州境内，下设景洪港中心码头、橄榄坝码头、关累码头，是国家一类开放口岸和澜沧江—湄公河国际运输大通道上的重要水陆中转枢纽，也是云南省乃至西南地区面向东南亚的开放前沿。

景洪港于 1993 年被国务院批准为一类对外开放口岸，2001 年 6 月，交通部宣布该港正式对外籍船舶开放，实现了中、老、缅、泰四国商船通航。从景洪港中心码头至泰国清盛港 300 多公里，航行便捷，航道畅通，设施完备，联检及服务机构完善，是国内外客商常年从事澜沧江、湄公河流域国际航道水路客货运输业务的理想选择。景洪港中心码头占地 165 亩，周边陆运、空运、水运设施联通，是一个集航运、贸易、休闲娱乐于一体的多功能花园式港口。目前，景洪港已经形成以西双版纳为枢纽直通东南亚各国的水陆交通网。

# 第二十三章

# 贵州省

贵州名称出现在宋代，建省在明初，未建省之前，贵州地方分别隶属于四川、湖广、云南和广西。明成祖永乐十一年（1413 年），思南、思州宣慰使因争沙坑地而举兵，并屡置朝廷禁令于不顾。这促成了明王朝将贵州建省的决心。

贵州位于中国西南云贵高原的东半部，西接滇东高原，东临湘西丘陵，是隆起于四川盆地和广西丘陵之间的一片高原山地，习称贵州高原。面积 17.6 万平方千米，占全国面积的 1.8%，境内地势西高东低，自中部向北、东、南三面倾斜，全省最高海拔 2 900 米，最低海拔 137 米，平均海拔在 1 100 米左右。境内山脉众多，重峦叠峰，绵延起伏，山高谷深。其中 92.5% 的面积为山地和丘陵，素有“八山一水一分田”之说。

贵州河流处在长江和珠江两大水系上游交错地带，全省水系顺地势由西部、中部向北、东、南三面分流。按照贵州特殊的地理地势，以及历史上各河流航运之间的联系，可将贵州境内的河流分为三个水系，即“北部流入四川汇入川江的称为川系，包括赤水河、乌江和綦江上源；东部流入湖南沅水汇入洞庭湖的称为沅系，有舞阳河、清水江、锦江、松桃河；南部流入广西汇入西江的称为西系，主要是红水河及都柳江”。复杂的地形条件造就了交通的尴尬境遇，因此在贵州有航运条件的地方，人们尽量用航运进行交往和沟通，航运成为古代贵州最重要的交通方式之一。明代开始，贵州统治被逐渐加强，航运也开始进一步发展。清初至公元 1840 年成为贵州水运航道建设的兴旺时期。

纵观贵州航运的发展历史，运输内容无所不有，从食盐到军用物资，从粮食到木材、矿产。航运对于贵州具有特殊的意义，某种程度上讲，关系着当地经济发展的命脉，影响渗透在当地人生活的各个方面。

# 贵州航运博物馆

贵州航运博物馆位于贵州习水县，由贵州省交通厅、遵义市及习水县共同投资修建。该馆于2013年12月动工兴建，2017年5月建成正式对外开放。贵州航运博物馆占地面积近3 000平方米，建筑面积1 800平方米，陈列面积1 600平方米。该馆主题鲜明，内容丰富，展陈内容包括贵州河流航运历史和贵州航运发展专题两大部分，展览重点展示了乌江、赤水河等贵州六大河系的航运历史和航运文化，以及航道、船、港口码头、库区、航务管理、发展展望等专题。整个展陈追求空间的拓展，讲究场景的设计，注重观众的参与，采用图片、文字、实物、雕塑、绘画、景观、多媒体技术等现代展陈手段，展示了贵州河流的雄奇与秀美，用一个个鲜活的故事，讲述了贵州航运的沧桑与辉煌。

贵州航运博物馆是贵州水运发展史的立体表现，是水路交通运输文明进步的重要标志，对于有效保护和利用水路交通文物资源、传承和弘扬航运历史文化、深入挖掘和拓展航运丰富内涵都有不可替代的作用。贵州航运博物馆的建成开馆，是贵州航运文化、文物事业发展的一座里程碑，是全省加强航运科普教育基地的新阵地，是展示贵州内河航运形象的窗口。

# 乌江构皮滩通航设施

乌江构皮滩通航设施位于贵州省余庆县境内，是乌江流域梯级滚动开发的第五级。通航设施布置于整个构皮滩水利枢纽左岸，型式为带中间渠道的三级垂直升船机，由上下游引航道、3 级垂直升船机和中间渠道（含通航隧洞、渡槽及明渠）等建筑物组成，线路总长为 2 306 米。设计通航标准为四级，通航 500 吨级船舶标准，最高通航水头 199 米，设计过坝运量单向 143 万吨 / 年。通航建筑物工程概算总投资 29.51 亿元。三级升船提升高度分别为：第一级 47 米（上游，逆提升），第二级 127 米，第三级 79 米，是目前世界上在高拱坝上建设的通航水头最高、单级提升高度最大的通航建筑物。

构皮滩为通往黔中的最后一站，500 吨级船舶可将黔中物资从贵州遵义县的乌江渡，一船直达重庆市的涪陵入长江，极大地提升了其经济走廊的价值。

# 乌江思林升船机　沙沱升船机

乌江思林升船机、沙沱升船机分别位于贵州省思南县、沿河县境内，是贵州水运建设三年会战的重大建设成果之一。思林升船机为单级垂直升船机，按钢绳卷扬机平衡重式垂直升船机方案设计。整个通航建筑物由上游引航道、中间通航渠道，垂直升船机本体段和下游引航道等四个部分组成，全长约 1 100 米。建设时其提升高度、整个安装调试速度，都在当年创下了全国之最。同时，思林、沙沱升船机还实现了多项技术创新，如首次提出了“安全平衡重”的新理念，首次建立了卷扬提升式升船机船厢“临界失稳水深”的判别标准，这些技术创新和突破，不仅节省了工程投资，还大大提高了升船机的运行安全性。

升船机通航最大单船吨位为 500 吨，通航标准船型尺寸为：55 米 ×10.8 米 ×1.6 米（总长 × 型宽 × 设计吃水深）。沙沱升船机最大提升高度为 74.88 米，思林升船机最大提升高度 76.6 米，有力地保障了乌江水运主通道畅通，也提高了航运企业的信心，助推了乌江水运事业复兴发展。

# 附录一　参考文献



## （一）著作类（按编著者姓氏拼音排序）

安徽省水利志编辑室:《安徽河湖概览》，长江出版社，2010 年。

白文源编著:《故影遗存——图解天津人文史》，科学出版社，2010 年。

班思德撰、李元廷译:《中国沿海灯塔志》，上海海关总税务司属统计科印行，1933 年。

段光达:《黑龙江名城》，黑龙江人民出版社，2006 年。

防城县志编委会:《防城县志》，广西民族出版社，1993 年。

房仲甫、李二和:《中国水运史·古代部分》，新华出版社，2003 年。

福建省泉州海外交通博物馆:《泉州湾宋代海船发掘与研究》，海洋出版社，1987 年。

顾涧清等:《广东海上丝绸之路研究》，广东人民出版社，2008 年。

广东省文物局编:《广东文化遗产——海上丝绸之路史迹》，中山大学出版社，2016 年。

广州市文化局等编:《海上丝绸之路·广州文化遗产地上史迹卷》，文物出版社，2008 年。

《贵州图史》编委会编:《贵州图史——600 年贵州大事记》，贵州大学出版社，2013 年。

韩振飞:《宋城赣州》，江西人民出版社，2004 年。

《河北省航运史》编委会:《河北省航运史》，人民交通出版社，1988 年。

河南省交通厅交通史志编审委员会:《河南航运史》，人民交通出版社，1989 年。

河南省文物建筑保护研究院:《万里茶道河南段文化遗产调查与研究》，文物出版社，2016 年。

胡政:《招商局画史》，上海社会科学院出版社，2007 年。

黄健民:《长江三峡地理》，重庆出版社，1999 年。

江南造船厂志编纂委员会:《江南造船厂志》，上海人民出版社，1999 年。

江西内河航运史编委会:《江西内河航运史·古、近代部分》，人民交通出版社，1991 年。

江西内河航运史编委会:《江西内河航运史·现代部分》，人民交通出版社，1997 年。

蒋响元:《湖南交通文化遗存》，人民交通出版社，2012 年。

中华人民共和国交通部：《中国港口新编》，交通部科学研究院：《水陆运输文摘》杂志社，2005 年。

李国强：《中国三沙市》，人民出版社，2013 年。

李金龙：《国家地理百科 安徽 福建 江西》，远方出版社，2005 年。

梁桂全主编：《广东历史人文资源调研报告》，社会科学文献出版社，2008 年。

刘上洋：《江西改革开放 30 年：1978—2008》，江西人民出版社，2009 年。

柳宗元：《柳宗元集》，中华书局，1979 年。

罗葆森：《黑龙江名胜》，黑龙江人民出版社，2006 年。

罗澍伟：《天津史话》，社会科学文献出版社，2011 年。

乔培华、袁炎清主编：《21 世纪海上丝绸之路与广东航运文化》，中山大学出版社，2016 年。

山东省文物局编：《山东文化遗产·第三次全国文物普查重要新发现卷》，科学出版社，2013 年。

山东省文物局编：《山东文化遗产·重点文物保护单位卷》，科学出版社，2013 年。

上海博物馆：《千年古港：上海青龙镇遗址考古精粹》，上海书画出版社，2017 年。

上海三山会馆管理处编，潘君祥主编：《上海会馆史研究论丛》（第一辑），上海社会科学院出版社，2011 年。

上海三山会馆管理处编，潘君祥、周丽中主编：《上海会馆史研究论丛》（第二辑），上海社会科学院出版社，2014 年。

上海图书馆：《江南制造局翻译馆图志》，上海科学技术文献出版社，2011 年。

上海中国航海博物馆编：《国家航海》（第十二辑），上海古籍出版社，2015 年。

四川省交通史志编委会：《四川航运史志文稿》，1992 年。

宋彦忱：《中国地域文化通览·黑龙江卷》，中华书局，2014 年。

苏州市文化广电新闻出版局文物处：《太仓海运仓遗址——苏州市国家级文保单位》，政府信息公开，索引号：EA310-zwgk3-2016-565。

孙光圻：《中国古代航海史》，海洋出版社，2005 年。

孙述诚：《九江港史》，人民交通出版社，1991 年。

孙晓天：《辽宁地区妈祖文化调查研究——以东港市孤山镇为例》，中央民族大学出版社，2011 年。

覃主元等：《广西对外交通史》，社会科学文献出版社，2015 年。

王川平、李大刚主编：《中国地域文化通览》（重庆卷），中华书局，2014 年。

王轼刚主编：《长江航道史》，人民交通出版社，1993 年。

王铁崖：《中外旧约章汇编（一）》，生活·读书·新知三联书店，1982 年。

吴光：《中国地域文化通览》（浙江卷），中华书局，2014年。
吴鸿丽、刘新慧：《泉州古桥古塔》，中国文联出版社，2006年。
吴清汀：《中国魅力城市——九江》，新华出版社，2005年。
吴锡民：《广西海洋文化概论》，海洋出版社，2015年。
吴延兵：《青岛港考察》，经济管理出版社，2014年。
吴宜先：《中国塔文化与九江古塔》，长江出版社，2008年。
伍鹏：《浙江海上丝绸之路文化》，经济科学出版社，2016年。
熊月之、周武：《上海：一座现代化都市的编年史》，上海书店出版社，2009年。
徐建文：《点激江西》，江西高校出版社，2005年。
徐琳琳：《江西古陶瓷文化线路》，江西人民出版社，2017年。
薛理勇：《老上海会馆公所》，上海书店出版社，2015年。
薛理勇：《外滩的历史和建筑》，上海社会科学院出版社，2002年。
杨辉隆：《雾都山城——重庆》，中国旅游出版社，2015年。
杨明、王仕佐、张雯妍：《贵州文化概论》，贵州大学出版社，2014年。
尹钧科：《什刹海与京杭大运河》，当代中国出版社，2014年。
郁贤皓：《唐刺史考》，江苏古籍出版社，1987年。
喻风林：《豫章遗韵：南昌不可移动文物精粹》，江西人民出版社，2016年。
袁行霈、陈进玉主编，张炳学、刘志永本卷主编：《中国地域文化通览》（天津卷），中华书局，2014年。
张立辉主编：《保定府河》，河北大学出版社，2014年。
张妙弟主编：《中国国家地理百科全书》（第三卷），北京联合出版公司，2016年。
张妙弟主编：《中国国家地理百科全书》（第五卷），北京联合出版公司，2016年。
张姚俊：《外滩传奇》，上海文化出版社，2005年。
赵光珍：《辽宁海洋文化的形成与发展研究》，海洋出版社，2015年。
中国港口年鉴编辑部：《中国港口年鉴（2017版）》，中国港口杂志社，2017年。
中国海关博物馆：《中国近代海关建筑图释》，中国海关出版社，2017年。
《中国海洋文化》编委会：《中国海洋文化·福建卷》，海洋出版社，2016年。
《中国海洋文化》编委会：《中国海洋文化·广西卷》，海洋出版社，2016年。
《中国海洋文化》编委会：《中国海洋文化·海南卷》，海洋出版社，2016年。
《中国海洋文化》编委会：《中国海洋文化·天津卷》，海洋出版社，2016年。
《中国海洋文化》编委会：《中国海洋文化·浙江卷》，海洋出版社，2016年。
《中国海洋文化》编委会：《中国海洋文化史·河北卷》，海洋出版社，2016年。
中国交通报、中华人民共和国海事局：《灯塔之旅》，人民交通出版社，2009年。

"中国企业成功之道"青岛港案例研究组:《青岛港成功之道》,机械工业出版社,2011 年。

中华地图学社:《图说江西》,中华地图学社,2011 年。

中华人民共和国海事局编:《中国灯塔》,人民交通出版社,2006 年。

周堃:《文化江西》,云南人民出版社,2006 年。

《走遍中国》编辑部:《走遍中国:黑龙江 吉林 辽宁》,中国旅游出版社,2012 年。

**(二)论文类(按作者姓氏拼音排序)**

曹永芳:《吴淞水位站简介》,《海洋开发》1987 年第 3 期。

车辚:《近代云南的航运与贸易》,《昆明学院学报》2016 年第 1 期。

陈陆:《史禄:灵渠巧连湘漓水》,《中国三峡》2014 年第 6 期。

陈鹏:《云南会馆建筑地域特征及其文化研究》,昆明理工大学 2013 年硕士学位论文。

陈贞寿:《沈葆桢与福建船政》,《福建论坛》1981 年第 3 期。

陈自强:《论明代漳州月港》,《福建论坛》1982 年第 2 期。

成爱:《青浦泖塔》,《航海》1998 年第 2 期。

程汉明:《天堑通途:纪录跨越半个世纪的南京长江大桥》,《中国公路》2019 年第 1 期。

伏彧:《泖塔》,《海事博览》2012 年第 9 期。

高凡:《南京天妃宫庙会信仰文化研究》,南京师范大学 2016 年硕士学位论文。

高琪:《太仓南郊元明海运仓遗址及其相关航海古迹史实初探》,《明史研究论丛》(第十辑),紫禁城出版社,2012 年。

高致华等:《泉州天后宫在妈祖信仰传播中的地位和价值》,《闽台文化交流》2009 年第 3 期。

龚高健:《当代福建港口经济发展研究》,福建师范大学 2006 年博士学位论文。

郭蕾、陈丽华:《泉州海外交通史博物馆 50 年的发展历程》,《福建文博》2009 年第 2 期。

韩安顺:《青岛天后宫与妈祖文化》,《青岛大学师范学院学报》2010 年第 27 卷第 2 期。

何守伦:《梓里铁桥:金沙江上第一桥》,《社会主义论坛》2017 年第 9 期。

侯德础:《抗战时期四川内河航运鸟瞰》,《四川师范大学学报》(社会学科版),1990 年第 3 期。

胡善美、游品莲:《候风扬帆的地方长乐太平港——郑和下西洋》,《航海》1991 年第 3 期。

胡孝忠：《四川的天后信仰史研究》，山东大学 2008 年硕士学位论文。

黄娟：《湖南近代航运业研究》，华中师范大学 2009 年博士学位论文。

蹇奕：《城市码头景观的传承与延续——以重庆朝天门码头为例》，《现代园艺》2017 年第 6 期。

李宏荣：《皎平渡的攀枝花》，《求是》2006 年第 23 期。

林星：《岁月沧桑闽海关》，《中国海洋报》2017 年 8 月 7 日。

刘建国：《长江西津、瓜洲两渡及其交通属性研究》，《镇江高专学报》2017 年第 3 期。

刘龙铸：《千里江陵一日还：四川航运今昔谈》，《今日四川》1995 年第 3 期。

刘晓峰：《解放思想　抓住机遇　振兴四川内河航运事业》，《交通科技》2000 年第 4 期。

刘正刚：《清代四川天后宫考述》，《汕头大学学报》（人文科学版）1997 年第 5 期。

吕维洪：《会泽八大会馆中的神祉崇拜及其文化意蕴》，《曲靖师范学院学报》2010 年第 4 期。

罗香：《提篮桥旧事》，《中国名城》2009 年第 10 期。

马汝云：《马公哈只墓碑记》，《中国穆斯林》1984 年第 2 期。

茅以升：《介绍五座古桥——珠浦桥、广济桥、洛阳桥、宝带桥及灞桥》，《文物》1963 年第 9 期。

孟雪峰：《云南省水富港二期扩建工程通航研究》，重庆交通大学 2014 年硕士学位论文。

潘君祥：《沙船航运是上海城市发展的历史文脉》，《航海》2015 年第 1 期。

潘君祥：《上海沙船与商船会馆》，《航海》2015 年第 2 期。

潘琦：《漓湘文化调研报告》，《广西教育学院学报》2014 年第 4 期。

泉州湾宋代海船发掘报告编写组：《泉州湾宋代海船发掘简报》，《文物》1975 年第 10 期。

邵磊：《郑和与江苏——江苏郑和遗迹考述》，《南方文物》2005 年第 3 期。

沈如意：《西津古渡》，《寻根》2016 年第 1 期。

时平：《上海仅存航运御碑的多元文化价值——上海浦东高桥宝山烽堠碑 600 年记》，《上海城市管理》2012 年第 3 期。

孙莉君：《澳门海事博物馆》，《航海》2006 年第 1 期。

孙彦婷：《近现代建筑的改造与再利用——以胶海关旧址文物修缮工程为例》，《建筑与文化》2017 年第 11 期。

孙英龙：《中外闻名山海奇宝岛南隅鹅銮鼻》，《海洋世界》2002 年第 7 期。

滕建锋:《西津古渡》,《中国工会财会》2017年第4期。

汪峰:《长江中游人居景观研究》，重庆大学2010年博士学位论文。

王磊、周丽静、张晶:《山东教授板桥镇遗址考古发现及相关问题》,《齐鲁文化研究》2010年年刊。

王卫丹:《沉船遗宝 菏泽古沉船出土元瓷》,《收藏》2011年第5期。

吴丹:《清以来会泽会馆研究》，云南大学2016年硕士学位论文。

徐亚平:《百年“岳州关”》,《中国海关》2007年第3期。

许泉:《泉州海外交通史博物馆》,《文物》1959年第10期。

许檀:《清代中叶聊城商业规模的估算——以山陕会馆碑刻资料为中心的考察》,《清华大学学报》(哲学社会科学版)2015年第2期。

杨斌、邓子纲:《清代洞庭湖水上救助事业与社会成效研究——以岳州救生局为中心》,《社会保障研究》2015年第4期。

佚名:《城头山古文化遗址》,《文史博览》2016年第1期。

佚名:《皎平渡今昔》,《云南教育》1995年第2期。

胡梅英:《丽江宝山石头城——承载纳西族古老文化的村落》,《今日民族》2017年第6期。

佚名:《泉州后渚港是我国古代最大的海港》,《水路运输文摘》2004年第11期。

佚名:《云南双龙桥》,《西部交通科技》2013年第6期。

曾小帆:《北有长城、南有灵渠——桂林兴安灵渠》,《广西城市建设》2011年第4期。

张和敬:《宝岛揽胜》,《两岸关系》2005年第5期。

张进德:《北海近代建筑的西洋风》,《中国文化遗产》2008年第5期。

张京华:《潇湘水路历史文化旅游的精品线路(上)》,《湖南科技学院学报》2016年第11期。

张文:《移民的记忆与认同》，湘潭大学2017年硕士学位论文。

赵春喜:《泉州多元文化与泉州十景》，华侨大学2006年硕士学位论文。

赵洪平、仲跻荣:《下关区政协纪念南京天妃宫碑建碑580周年》,《江苏政协》1996年第7期。

赵君尧:《船政文化产生与福建海洋文化渊源》，载张作兴主编:《船政文化研究》，中国社会出版社，2003年。

赵晓林:《罕见600余年前的缆绳现世》,《济南日报》2010年12月17日版。

赵晓林:《京杭大运河第一闸附属水面》,《济南日报》2010年12月22日版。

庄景辉:《泉州宋代祈风石刻考释》,《江西文物》1989年第2期。

邹鹏:《澜沧江上的明珠 景洪港》,《云岭先锋》2018年第1期。

# 附录二 鸣谢单位与个人

中国航海日办公室
交通运输部办公厅
交通运输部海事局
《中国交通报》社
辽宁海事局
北海航海保障中心
大连海事局
大连海事大学
大连博物馆
旅顺博物馆
葫芦岛市博物馆
营口海事局
丹东海事局
蓬莱古船博物馆
聊城中国运河文化博物馆
连云港海事局
太仓市博物馆
南京海上丝绸之路研究中心
东海航海保障中心
上海市交通委员会
上海海事大学
中国航海博物馆
浙江省港航管理局
嘉兴船文化博物馆
宁波中国港口博物馆
岱山中国灯塔博物馆
浙东海事民俗博物馆（庆安会馆）
舟山文物保护考古所
象山文物管理办公室
福建海事局
泉州海外交通史博物馆
集美大学
招商局集团
招商局集团深圳海顺海事服务有限公司
招商局历史博物馆
南海航海保障中心
广东海事局
广州海事局
广州十三行博物馆
广东海上丝绸之路博物馆
揭阳海事局
江门海事局
广西海事局
防城港市博物馆
海南海事局
海南省交通运输协会
中国（海南）南海博物馆
海南《东方海岸》杂志社
海南港航控股有限公司
台湾长荣海事博物馆
香港海事博物馆
北京市交通委
中国海关博物馆
河南省交通运输厅航务局
江西省港航管理局
江西省景德镇港航分局
武汉理工大学
江汉关博物馆

湖南海事局
湖南省水运管理局
湖南省常德市地方海事局
湖南省岳阳市地方海事局
湖南省城陵矶航运管理所
湖南省常德市澧县地方海事处
湖南省永州市江华瑶族自治县地方海事局
民生公司
四川省交通运输厅航务管理局
贵州省航务管理局

| | | | | | | | | |
|---|---|---|---|---|---|---|---|---|
| 毕显忠 | 曹　桢 | 陈珏祥 | 陈美娥 | 陈自发 | 成冬冬 | 邓华春 | 邓华敏 | 邓　敏 |
| 邓颖颖 | 丁金龙 | 丁明媚 | 杜志鑫 | 房　中 | 费良贵 | 符　雄 | 高汉增 | 顾苏宁 |
| 顾宇辉 | 郭万平 | 何守强 | 黄大贤 | 姜　彤 | 孔　锐 | 李　罡 | 李　珑 | 李玉良 |
| 梁志平 | 林　瀚 | 林　虎 | 林加超 | 林　琨 | 凌乐云 | 刘柏良 | 刘传雷 | 刘文杰 |
| 卢　锐 | 罗勋杰 | 马文辉 | 孟　玲 | 宁　宇 | 潘伟玲 | 屈晓光 | 饶雨蒙 | 任志宏 |
| 沈　洋 | 石　立 | 史　伟 | 舒晟岚 | 孙建军 | 王鹤荀 | 王怀霞 | 王　佳 | 王　军 |
| 王　刘 | 王俏梅 | 王　庆 | 王文伟 | 王晓明 | 王逸奇 | 王毅雄 | 温天丽 | 温秀英 |
| 温志红 | 吴　鹏 | 吴小宝 | 武世刚 | 杨雪飞 | 叶　冲 | 益晓菁 | 于海东 | 余　佩 |
| 俞默涵 | 袁小亮 | 张锦忠 | 张　溯 | 张伟疆 | 张　瑜 | 赵　莉 | 赵　铮 | 钟子然 |
| 周承芳 | 朱　杰 | 朱金龙 | 朱　巍 | 诸　彪 | | | | |

（《图说中国航运文化地标》的编撰工作在图片、文字等方面得到以上单位及相关个人的支持，特此鸣谢。如有缺漏，在此一并谢过。）

# 后记

作为2018年中国航海日主题活动内容之一，组委会决定编辑出版《图说中国航运文化地标》一书，希望该书收集整理全国各地有关航运文化、航运历史的重要遗址和雕塑、标志性建筑资料，通过图文形式介绍中国航运文化与历史，展示中国航运文化内涵，传承中国航运文化精神。

中国幅员辽阔，航运历史悠久，文化灿烂发达。编撰全国性的航运文化地标，其实对编者有着非常高的要求。首先，各个地方历史脉络、人文特征、区域发展程度都不尽相同，需要对各地航运历史文化有足够的熟悉和了解。其次，对于文化地标的选择与标准，哪些具有典型性和代表性，能够成为地标，时间跨度、类型确认、区域平衡等问题如何把握，都存在着仁者见仁智者见智的不统一性，我们尽量避免落入“地标”评判与标准选择的窠臼，更多的是倾向于航运文化“标志”的通识性介绍。再次，地标选定之后，相关图文资料需要有非常广博丰厚的积累与掌握，否则会落入巧妇难为无米之炊的窘境。

最后根据图文收集情况，结合区域平衡性，本书分为沿海和内地两个部分，形成本书的基本框架。沿海部分按照从北到南顺序，包括辽宁、河北、天津、山东、江苏、上海、浙江、福建、广东、广西、海南、港澳台等地；内地主要为沿河、沿江省市，有黑龙江、北京、河南、安徽、江西、湖南、湖北、重庆、四川、云南、贵州等地，全书所选地标总计近200处。一个个航运文化地标，既反映各地航运发展的历史进程，也是航运多元文化、社会嬗变的缩影。

本书在编撰过程中得到了交通运输部原副部长徐祖远同志的关心指导，在内容上得到了安呈瑶、茅伯科、戴鞍钢、桑史良、时平、许仲毅等诸多专家学者的指点和建议，在各地航运文化地标的图文收集方面，得到了中国航海日办公室、交通运输部办公厅、交通运输部海事局、《中国交通报》社，以及全国各地交通港航单位、涉海类博物馆与文化机构的大力支持。另外，在相关地标图片的征集过程中，除了照片的直接拍摄者、提供者以外，也得到了邓颖颖、何守强、林瀚、顾苏宁、朱巍、赵峥、杨雪飞、孙建军、孟玲、曹桢、益晓菁、潘伟玲、房中、王鹤荀、凌乐云、卢锐、高汉增、王逸奇等诸多热心人士的协调支持，在此一并谢过。

编者不揣浅陋，编撰此书，无疑存在诸多失妥与缺漏之处，还请读者多多批评指正。本书所参考的主要文献，统一列于书末，在此也向相关作者表示感谢，尚可能有个别未能一一列出的，谨此说明并一并致谢。

编　者

2019年12月

**图书在版编目(CIP)数据**

图说中国航运文化地标/2018 年中国航海日主题活动上海组委会编. —上海: 复旦大学出版社, 2020.5
ISBN 978-7-309-14997-5

Ⅰ.①图… Ⅱ.①2… Ⅲ.①航运-文化史-中国-图解 Ⅳ.①F552.9-64

中国版本图书馆 CIP 数据核字(2020)第 066703 号

**图说中国航运文化地标**
2018 年中国航海日主题活动上海组委会 编
责任编辑/胡春丽

复旦大学出版社有限公司出版发行
上海市国权路 579 号 邮编: 200433
网址: fupnet@fudanpress.com http://www.fudanpress.com
门市零售: 86-21-65102580 团体订购: 86-21-65104505
外埠邮购: 86-21-65642846 出版部电话: 86-21-65642845
上海盛通时代印刷有限公司

开本 787×1092 1/16 印张 16 字数 340 千
2020 年 5 月第 1 版第 1 次印刷

ISBN 978-7-309-14997-5/F · 2687
定价: 120.00 元

---